AtV

Kari Köster-Lösche erzählt uns, wie die kleine Teje der Ringelgans Alwine ein Schicksal als Weihnachtsbraten erspart und wie sich Alwine bei ihr dafür bedankt. Andrea Schachts Stallkatze Mara unterhält sich mit der »Jungfrau« Miriam von Mutter zu Mutter und erfährt dabei ein Geheimnis von historischer Bedeutung. Bei Franziska Wulf schwingt sich das Kaninchen Sabrina erfolgreich zum Lebensberater auf, während Petra Schiers Schäferhundmischling Chester nur eines im Sinn hat: seinem Herrchen Max zu Weihnachten den ersehnten Opa zu schenken. Bei Maiken Nielsen schließlich schlüpft unter Claras fieberheißer Decke ein Krokodil aus dem Ei und wirbelt das Leben der Blütenschifferfamilie Hinrichsen ordentlich durcheinander. – Fünf hinreißende Weihnachtsgeschichten voll pelziger, gefiederter und schuppiger Überraschungen.

Möhren zum Fest

Tierische Weihnachtsgeschichten

von

Kari Köster-Lösche

Andrea Schacht

Franziska Wulf

Petra Schier

Maiken Nielsen

Aufbau Taschenbuch Verlag

ISBN 3-7466-2212-3

1. Auflage 2005

Einbandgestaltung MediaBureau Di Stefano, Berlin
unter Verwendung einer Illustration
von Patricia Di Stefano
Druck und Binden Oldenbourg Taschenbuch GmbH, Plzeň
Printed in Czech Republic

www.aufbau-taschenbuch.de

Inhalt

Kari Köster-Lösche
Teje und die Ringelgans

I

Wenn Teje sich ganz, ganz still verhielt und die Augen schloß, konnte sie die Ringelgänse draußen auf dem Watt schnattern hören. Und manchmal, wenn es im Spätherbst noch nicht gar zu kalt und windig war, setzte sie sich auf die Bank neben der Haustür und lauschte mit geschlossenen Augen ihren Stimmen.

Besonders bei dichtem Nebel, wie an diesem Tag, wenn auch noch das leiseste Geräusch vom Meer her über die Fennen der Hallig Langeneß hüpfte und sprang, bis es oben auf der Warf anlangte, hörte Teje ganz genau, worüber die Gänse sich unterhielten. Und sie stellte sich jede einzelne von ihnen vor. Es war, als stünde sie mitten unter ihnen.

»Hier, hier«, schnatterte eine vorwitzige Gans aufgeregt, »kommt alle her, so ein gutes Seegras habt ihr noch nie gegessen!«

»Du kleines Dummchen«, warf eine dunkle mütterliche Stimme liebevoll ein, »jede von uns steht doch bis über die Füße darin!«

Gewiß war sie eine Tante des Gänsemädchens, stellte Teje sich vor. Und das Gänsemädchen hieß Alwine, soviel war sicher.

»Schätzchen«, meinte ein Ganter mit einem schon verblassenden Federkleid in überheblichem Ton, »komm du erst einmal in mein Alter, dann merkst du, daß es größere Delikatessen gibt als Seegras. Seeigel, beispielsweise. Wie dieser hier. Sieh zu, wie ich an das Innere herankomme, da kannst du etwas lernen!«

Ein erstickter Protestruf von Alwine. Aber er nützte ihr nichts.

»Auf den Rücken werfen!« fuhr der Alte belehrend fort. »Ein kräftiger Schnabelhieb auf die stachellose Stelle in der Mitte! Und dann auslösen. Das Gelbe ist butterweich, es zergeht dir auf der Zunge.«

Das leise Knirschen von Schalen und das bedächtige Mahlen eines Schnabels drangen an Tejes gespitzte Ohren.

»Aber davon habt ihr Jungvolk natürlich keine Ahnung!« Der alte Ganter war geradezu aufreizend selbstzufrieden. Teje war dankbar über die kurze Stille, die eintrat, während er das butterweiche Gelbe schluckte.

»Laß gut sein«, mahnte eine andere Gans, »auch du warst mal jung, konntest ohne Beschwerden im Nacken Seegras rupfen und bist davon dick und rund geworden. Wann war das eigentlich? Muß schon eine Weile her sein, oder?«

Der Ganter grummelte etwas Unverständliches vor sich hin, danach wurde seine altershelle Stimme leiser. Wahrscheinlich entfernte er sich, um sich einen anderen Trupp mit Jungvolk zu suchen, den er belehren konnte.

Teje, die ihr Kinn auf das hochgezogene Bein gestützt hatte, kicherte leise. Oh, sie wußte gut Bescheid, wie es unter Ringelgänsen zuging. Es war genau wie bei Menschen.

»Teje!« rief im Haus die Stimme ihrer Mutter, »ich brauche Wasser zum Backen. Hör auf zu träumen! Sei so gut und hol mir zwei Eimer voll! Und wirf anschließend den Hühnern eine Handvoll Körner hin, bitte.«

»Warum ich?« maulte Teje leise, stand aber gehorsam auf. Einen Augenblick blieb sie noch stehen, um zum Ufer hinunterzuspähen. Aber es war nichts zu sehen außer grauem Nebel, der in dickeren und dünneren Schwaden an ihr vorbeizog, angetrieben von einem plötzlichen Windstoß. Auch die Gänse schienen verschwunden zu sein, wahrscheinlich waren sie aufgeflogen, um sich woanders niederzulassen.

Teje trat an den Sood, um den Eimer am langen Schwengel hinunterzulassen. Die Mutter wollte für Weihnachten backen. Aber warum schickte sie zum Wasserholen nicht Haie, Tejes Bruder, der nur ein Jahr älter war, aber es an Kräften leicht mit den Jungen, die schon konfirmiert waren, aufnehmen konnte?

Sie ärgerte sich darüber. Und noch war ihr überhaupt nicht weihnachtlich zumute.

Als Teje den ersten Eimer in die Küche geschleppt und am Backtrog ihrer Mutter übergeben hatte, sah sie, daß ihr Bruder mit hochgekrempelten Ärmeln am Küchentisch saß, vor sich die Blendlaterne für die Entenjagd, die er in ihre Einzelteile zerlegt hatte. Deckel, Schornstein, Glasscheibe und Kerze lagen auf dem Tisch verstreut.

»Warum kann nicht Haie Wasser holen?« fragte sie ihre Mutter in patzigem Ton. »Für ihn ist es leichter als für mich.«

Der dreizehnjährige Haie strich seine blonden Haare aus der Stirn und blickte kurz auf. »Deinen spillerigen Armen tut etwas Betätigung nur gut. Das kräftigt die Muskeln, weißt du? Außerdem bist du alt genug, um endlich mit dem Nichtstun aufzuhören.«

»Das mußt gerade du sagen!« schnaubte Teje und strich sich mit der Handkante das übergeschwappte Wasser von der Schürze.

»Über deine Verrücktheit mit den Gänsen lachen wir ja nur noch, Vater und ich«, fuhr Haie hartnäckig fort. »Irgendwann fliegst du bestimmt mit ihnen fort. Na, mir soll's recht sein.«

»Haie findet, daß er Wichtigeres zu tun hat, Teje«, warf Mutter Eike beschwichtigend ein.

»Hab ich auch!« sagte Haie mit triumphierendem Grinsen, das für Teje bestimmt war. »Kommende Woche gehen Vater und ich zum erstenmal in diesem Jahr auf Jagd.«

»Und deswegen hast du heute keine Zeit, Wasser zu holen. Nichts als Ausreden, du Faulpelz«, sagte Teje mit Verachtung.

»Was heißt Faulpelz! Ich muß die Laterne putzen!« rief Haie empört. »Vater hat es mir aufgetragen. Du kannst ihn ja selbst fragen!«

»Natürlich, natürlich. Und es dauert nicht einmal eine halbe Stunde, bis du damit fertig bist, oder?« versetzte Teje und kehrte um, bevor sie noch in Versuchung kam, ihrem Bruder einen Fluch an den Kopf zu werfen. Oder gar die Glasscheibe, die so kurz vor Weihnachten vielleicht gar nicht ersetzt werden konnte, weil niemand mehr nach Föhr segelte.

Mit vorgeschobenem Unterkiefer stampfte Teje über die Kopfsteine der Diele, stieß den oberen Türflügel mit der Faust und den unteren mit dem Holzschuh auf und setzte ihren Weg zur Zisterne fort.

Noch mehr als über ihren Bruder ärgerte sie sich über die jährliche Jagd der Männer. Meistens waren Pfeifenten die Opfer, aber wer eine Flinte besaß, schoß auch auf Krickenten, Schwäne und wilde Gänse. Ringelgänse vor allem, ihre Lieblinge.

Während Teje den Eimer ein zweites Mal hinunterließ, war ihr wohl bewußt, daß die Eltern sich Gedanken machten, weil der Vater wegen seiner Krankheit mehrere Wochen Jagd versäumt hatte. Jetzt befürchteten sie, daß über den Winter die Lebensmittel knapp werden könnten.

Sollen sie sich doch sorgen, dachte Teje trotzig. Verhungern werden wir schon nicht. Bisher hatte es noch immer gereicht. Daß der Vater so mager geworden war, lag an der Krankheit, nicht am fehlenden Essen. Eine Art *Spanische Grippe*, hatte Mutter sie genannt, nur nicht ganz so schlimm wie die vor vier Jahren am Ende des ersten Weltkriegs.

Als Teje in die Küche zurückkam, sah es zum Glück nicht nach einer beginnenden Hungersnot aus. Die Mutter hatte die ersten Laibe Brot geformt und auf der Backschaufel aneinandergereiht, und im hölzernen Schacht neben dem Herd polterten die herabfallenden Ditten. Offensichtlich war der Vater oben auf dem Boden, um für Nachschub zu sorgen. Die Mutter hatte vor mehr als zwei Stunden angefangen, den Backofen zu beheizen, und um die nötige Temperatur zu erreichen, waren enorme Mengen des trockenen Dungs erforderlich. Bald mußte er ausreichend heiß sein.

Teje meinte beinahe schon, den leckeren Duft des frischen Brots in der Nase zu haben, als ihr Blick auf ihren Bruder fiel. Haie spuckte gerade auf eine Ecke der Glasscheibe, polierte sie bedächtig, hielt sie ins Licht, spuckte wieder und putzte erneut. »Hättest nicht du nach oben gehen können?« erkundigte sich Teje erbost.

»Wieso denn? Vater ist doch wieder gesund«, erwiderte Haie gleichmütig. »Und so eine schwere Arbeit ist das Herabwerfen der Ditten ja nicht.«

»Nur für dich ist alles zu schwer, stimmt's?« höhnte Teje wutschnaubend.

»Laß gut sein, Teje«, sagte Mutter Eike milde. »Haie wird es schon noch lernen.«

Teje richtete ihren Blick vorwurfsvoll auf die Mutter. »Aber erst, wenn er sich mit Seegras dick und rund gefressen hat und erwachsen geworden ist. Und später soll ihm das butterweiche Gelbe im Halse steckenbleiben!« Mit diesen Worten rauschte sie aus der Küche, und es war glasklar, daß wieder einmal niemand verstand, was sie meinte, und sie sich nur ins Unrecht gesetzt hatte.

II

Einige Tage später verließen die Ringelgänse die Hallig, um nach Süden zu fliegen. Sie waren ohnehin ungewöhnlich spät dran. Traurig wanderte Teje am Südufer entlang, das vom Wasser zerrissen und zerklüftet war. Ziellos folgte sie jeder Ausbuchtung des Graslandes, blieb zuweilen einen Augenblick stehen, um zu lauschen und gedankenlos auf den Seesand zu starren, den die Wellen an der Grenze zwischen Watt und Hallig aufgeworfen hatten, und lief schließlich weiter.

Zu gerne hätte sie noch einmal das leise Schnattern der Gänse gehört. Aber für dieses Jahr waren sie endgültig fort.

Weiter draußen murmelten und gluckerten die Wellen des ablaufenden Wassers. Teje schlug erneut einen Haken. Sie steckte die Nase in den schwachen Wind, der ihr jetzt entgegenkam.

Dann blieb sie wie gebannt stehen.

In einer windgeschützten Nische kauerte auf dem Sand ein dunkelgrauer Vogel mit einem weißen Streifen um den langen Hals. Eine Ringelgans. Ihre aufmerksamen Augen erfaßten Teje. Teje rührte sich nicht und wagte auch kaum zu atmen.

Aber die Ringelgans erhob sich und stakte davon.

»Bleib hier«, rief Teje leise. »Bist du die Alwine, die das Seegras so lecker fand? Und sie haben dich Ärmste zurückgelassen? Ich tu dir nichts. Ich werde gehen, wenn ich dir angst mache.«

Aber die Gans gab nur einen jugendlich tiefen Laut von sich, was Teje bestätigte, daß sie Alwine sein mußte. Dann wackelte sie davon, so eilig wie sie es vermochte, und wenn Teje sich nicht irrte, humpelte sie. Besorgt folgte sie ihr mit den Blicken.

Aber Alwine machte einen kräftigen Eindruck. Bestimmt konnte sie schon ausgezeichnet fliegen. Und welch schönes Federkleid trug sie, eine Feder lag akkurat neben der anderen! Trotzdem war sie nicht mit ihrem Gänsevolk mitgezogen. Sie mußte verletzt sein, obwohl man ihr wenig ansah. Große Schmerzen aber schien sie nicht zu haben …

Teje hob die Hand und winkte ihr nach. »Paß gut auf dich auf, Alwine. Auf der Hallig gibt es jede Menge Raubtiere!«

Raubtiere, die hierzulande Jäger hießen.

Einige Tage später war es soweit. Die Männer brachen zur Jagd auf. Haie wirbelte aufgeregt um seinen Vater herum und geriet ihm immer wieder zwischen die Füße.

»Nun gib doch mal Ruhe, Junge«, brummte Vater Erk. »Ich weiß, daß du dich freust, das tat ich bei meiner ersten Entenjagd auch, aber du wirst schon noch merken, daß es nicht nur ein Vergnügen ist, sondern richtige Arbeit für gestandene Männer.«

Teje hockte verkehrt herum auf einem Küchenstuhl und sah ihrem Vater bei der Zeremonie des Anziehens zu. Pullover, Öljacke und Stiefel hatte er an, damit er nicht fror, für die Sicherheit und zum Vergnügen packte er schließlich noch Kompaß, Pfeife, Tabak und Zündhölzer in seine Umhängetasche. Als letztes befestigte er sorgfältig die Blendlaterne mit je einem Band um seinen Nacken und die Hüften und kontrollierte mehrmals, ob alles richtig saß.

Währenddessen kümmerte sich Mutter Eike darum, daß Haies Halstuch selbst seine Ohren noch wärmte und daß er seine Fäustlinge nicht vergaß.

»Wenn der Fang so gut wird, wie die *åntenjochta* geputzt ist«, sagte der Vater anerkennend, »brauchen wir uns um unser Essen im Winter nicht mehr zu sorgen.«

Haie warf triumphierende Blicke in die Runde, aber Teje ließ sich von ihm nicht übertölpeln. Wasserschleppen war schwerere Arbeit als spucken. Und Haie hatte sie dafür nicht gelobt.

»Ja, hoffentlich seid ihr erfolgreich«, stieß Eike aus, seufzte tief und klopfte Haie auf die Wange, was er nicht mochte, wie jedermann wußte. »Aber nun los mit euch, es wird Zeit.«

Haie drehte den Kopf weg. »Das wissen wir doch selber am besten, Mutter.«

Kaum waren die Männer aus dem Haus, setzten sich Mutter und Tochter an den Küchentisch und spähten ihnen nach. Das Jagdgebiet war das Watt im Norden von Langeneß, und im Hintergrund konnten sie die Insel Föhr sehen.

Erk und Haie waren die einzigen, die von der Ketelswarf loszogen. Haie hüpfte und umsprang seinen Vater mal vorwärts, mal rückwärts, während Erk gemessenen Schrittes vorwärts stapfte, auf der Schulter den großen Entenketscher.

An diesem Tag, da Niedrigwasser und Dämmerung so günstig zusammenfielen, brachen jedoch noch mehr Halligleute zur Jagd auf. Wie schwarze Punkte strebten sie von den weiter entfernten Warfen vor der hellen Wasserfläche hinaus ins Watt. Bald würde es zu dunkel sein, um die Männer noch im Blick zu behalten.

»Was glaubst du, wie viele sie fangen werden?« fragte Teje, hin und her gerissen zwischen Mitleid mit den Tieren und dem Wissen, daß sie sie als Nahrung für den Winter benötigten.

Eike wiegte den Kopf. »Wenn sie besonderes Glück haben, vielleicht zehn. Aber ich wäre auch mit sechs zufrieden. Oder mit vier. Hoffentlich ist keiner in ihrer Nähe mit der Flinte unterwegs!«

Teje nickte. Schützen hatten es einfacher. Selbst wenn die Enten von unbeabsichtigten Geräuschen der heranschleichenden Jäger erschreckt wurden, vielleicht weil unter deren Stiefeln Muscheln knirschten, konnte man mit der Flinte noch zum Schuß kommen, auch wenn die Enten aufflogen. Aber für alle, die mit der Entenklappe jagten und darauf angewiesen waren, daß sich die Tiere auf dem Boden befanden, war dann die Jagd zu Ende.

»Ich helfe dir morgen beim Einkochen«, versprach Teje in einem Anfall von Gerechtigkeitsgefühl ihrem Bruder gegenüber.

»Nanu.« Eike sah Teje erstaunt an.

»Na ja, ich will ja zugeben, daß die Jagd schwere Arbeit ist. Der weite Weg hinaus zu den besten Stellen ... Und immer durch diesen ekligen tiefen Schlick in der Nähe des Ufers! Wenn Haie dann wirklich zehn Enten zurückschleppen muß, ist das mehr, als zwei Eimer Wasser hereinzuholen! Da will ich auch etwas tun.«

»Fein, daß du so einsichtig bist«, sagte Eike lächelnd.

»Nur *ringeln* könnte ich nie, Mutter, und rupfen möchte ich auch nicht!«

»Vater wird sich das Rupfen nicht nehmen lassen, da brauchst du keine Sorge zu haben. Und was das Ringeln betrifft – es ist immerhin zweckmäßig, es zu beherrschen. Für alle Fälle, gewissermaßen.«

»Welche Fälle?«

Eike zuckte mit den Schultern. »Notfälle«, antwortete sie schließlich.

Und Teje hoffte im stillen, daß solche nie eintreten würden.

Viel früher als erwartet kehrten die Männer zurück. Das Poltern des Entenketschers, der an der Hauswand abgestellt wurde, dann der Lärm von Stiefeln, die in der Diele von den Füßen getreten wurden, ließen Eike und Teje gespannt zur Tür blicken.

»Habt ihr tüchtigen Männer so schnell Erfolg gehabt?« fragte Eike bewundernd, als Haie in die Küche stürmte und sich an den Herd stellte, wo er anfing, seine Hände über der Glut zu reiben und zu kneten.

Statt einer Antwort blies Haie die Backen auf und ließ Luft ab wie ein mürrisches Seehundmännchen.

Mutter und Tochter wechselten verstohlene Blicke. Dann tappte der Vater herein, auf seinen dicken Socken, deren einer schwarz von Schlick war. Und wahrscheinlich naß, dachte Teje. Die Stiefel sind durch.

»Nichts«, sagte Erk knapp.

»Keine einzige?« fragte Eike ungläubig, als sei dies ein ganz besonderes Ereignis, das noch nie vorgekommen war.

»Keine einzige«, wiederholte Erk und ließ sich müde auf seinen Stuhl sinken. »Es war wie verhext.«

»Morgen ist auch ein Tag«, sagte Eike resolut und stand auf. »Morgen werdet ihr Glück haben. Ich mache euch jetzt das Abendbrot fertig. Der Tee ist heiß gestellt. Teje, sei so gut und hole ihn.«

Ausnahmsweise widersprach Teje nicht, sondern trabte wortlos in die Dörns, hob die Teekanne von der warmen Deckplatte des Bileggerofens herunter und kehrte mit ihr in die Küche zurück.

Inzwischen hockte auch Haie am Tisch, mit mauliger Miene und sichtlich entschlossen, nichts über das Jagdpech zu erzählen, genauso wie sein Vater.

Eike fing Tejes Blick auf und zuckte mit der Schulter. So sind Männer nun mal, hieß das. Man darf sie mit Fragen nicht bedrängen.

Teje nickte und schwieg und dachte an den alten Ganter, der sich davongestohlen hatte.

Am späten Nachmittag des nächsten Tages machten sich die Männer wieder fertig. Haie, der seinen Kummer vom Vortag schnell vergessen hatte, war so aufgeregt wie zuvor.

»Hoffentlich fangen sie heute etwas«, sagte Teje, die auf dem Küchenstuhl kniete und den Hals lang machte, um ihrem Vater so lange wie möglich nachzusehen. Auf seiner Schulter ruhte der Ketscher, und am Ende der drei Meter langen Stange wippte der Bügel mit dem Netz auf und ab, so regelmäßig wie die gelassenen Schritte des Vaters. Dann war er außer Sicht, und Teje war sich ganz sicher, daß die Jagd an diesem Tag erfolgreich sein würde.

»Ich gehe auf einen Schwatz zu Gesine hinüber«, sagte Eike, band sich das bestickte Kopftuch im Nacken fest und rückte ihre Schürze gerade.

Teje nickte, froh darüber, daß die Mutter zuversichtlich genug war, um sich ein wenig Erholung bei der Nachbarin zu gönnen. »Soll ich den Hühnern ein paar Körner geben?«

Eike strich ihr zärtlich über die Wange. »Mach das, Teje. Und paß auf, daß das kleine braune auch wirklich etwas abbekommt. Manchmal wird es von den Großen abgedrängt.«

»Mmm«, murmelte Teje. Sie wußte genau, daß die Mutter hauptsächlich den Hahn meinte. Anzüglich grinsend lief sie aus der Küche, bevor die Mutter sie wegen ihrer widerständischen Hintergedanken, die als aus der Art geschlagen galten, zurechtweisen konnte.

»Heute dauert es aber lange«, bemerkte Teje, als sie viel später wieder zusammen am Küchentisch saßen. Zufrieden knabberte sie an einer Probe von Tante Gesines Weihnachtsgebäck, die die Mutter ihr mitgebracht hatte. »Ob das ein gutes oder ein schlechtes Zeichen ist?«

»Bestimmt ein gutes«, antwortete Eike zuversichtlich. »Die beiden werden versuchen, den mißglückten Fang von gestern wettzumachen.«

»Oh, ja«, sagte Teje. Die Erklärung der Mutter leuchtete ihr ein.

Nicht lange danach hörte sie die Männer endlich. Die Entenklappe fiel dröhnend gegen die Hauswand, Haie schimpfte über seine Stiefel, die er nicht schnell genug von den Füßen bekam, und von Erk vernahmen sie einen lauten Fluch.

»Was bedeutet das?« flüsterte Teje erschrocken.

Eike war blaß geworden. »Ich weiß es nicht«, antwortete sie mit gespannter Miene.

Erk stampfte mit zornigem Gesicht zur Tür herein und stellte die Blendlaterne so unsanft auf dem Küchentisch ab, daß die Glasscheibe klirrte. »Die Enten sind immer schon gewarnt, wenn wir kommen«, sagte er mit gepreßter Stimme. »Und verdammt will ich sein, wenn daran nicht eine Gans schuld ist!«

III

Eine Gans? Teje lächelte ungläubig zu ihrem Vater hoch. Sollte sich die Ringelgans Alwine den Pfeifenten angeschlossen haben? Gab es so etwas?

Aber warum eigentlich nicht? Die Trauerenten pflegten zusammen mit den Eiderenten zu schwimmen, das konnte man im Sommer jeden Tag am Westufer der Hallig beobachten. Und wenn die Pfeifenten Alwine wirklich duldeten, würde sie das möglicherweise einigermaßen über den Verlust ihrer Gefährten hinwegtrösten. Ja, Teje hoffte von ganzem Herzen, daß es so war.

Teje zuckte zusammen, als sie merkte, daß der Vater sie die ganze Zeit streng gemustert hatte. Dann stützte er beide Hände auf die Tischplatte und beugte sich ganz langsam zu ihr herunter. Sein Gesicht vor ihren Augen wurde immer größer. Erschrocken wich sie zurück, so weit, wie die Stuhllehne es zuließ.

»Oder«, fragte Erk in drohendem Ton, »hast du die Hände im Spiel, kleine Teje? Wenn ich auch nicht weiß, wie das gehen sollte, aber irgend etwas hast du mit dieser unseligen Gans zu tun! Sehe ich in deinen Augen etwa nicht Triumph über unser Pech?«

»Erk! Versündige dich doch nicht an dem Kind!« rief Eike entsetzt. »Wie in aller Welt sollte sie eine Gans, die im Watt steht, zum Schnattern bringen, wenn sie hier bei mir am Küchentisch sitzt!«

»Das weiß ich nicht«, knurrte Erk, richtete sich abrupt auf und ging zum Herd hinüber, um sich zu wärmen. »Aber sieh sie dir doch an! Sie freut sich.«

»Teje würde es fertigbringen, eine Gans ins Watt zu schikken, nur um uns zu ärgern, was, Vater?« setzte Haie nach und folgte ihm zurück zum Herdfeuer. »So wie sie sich angeblich auf alles versteht, was krabbelt und fliegt und kräht … Das schlimme ist, der Lehrer glaubt es auch schon.«

»Tut er das?« brummelte Erk.

Teje hörte es gerade noch, nachdem sie wie ein flüchtender Vogel von ihrem Stuhl hochgeschossen und zur Küchentür gestürzt war, die sie hinter sich zuwarf.

Mit leerem Kopf rannte Teje hinüber in den Stall und kauerte sich in die unbesetzte Kälberbox. Die Arme um den Oberkörper geschlungen, wiegte sie sich hin und her. So unglücklich war sie noch nie gewesen. Ständig mußten die Männer sie wegen der Gänse ärgern!

Plötzlich hörte Teje den Wind um die Hausecke streichen. Sie lauschte aufmerksam. Ja, er nahm zu. Alwine würde nicht nur Dunkelheit und Kälte, sondern auch dem Wind ausgesetzt sein. Am liebsten hätte sie sich jetzt selber da draußen befunden und ihre Freundin zum Trost an sich gedrückt.

Eines von Mutters Hühnern trippelte in den Verschlag, schaute Teje aus einem Auge klug an und entdeckte sogleich ein vergessenes Korn neben ihrem Schuh. Teje hörte auf zu schaukeln und beobachtete das Huhn, das mit schräggelegtem Kopf mehrmals pickte, bis es das Korn zu fassen bekam.

Irgendwie verstand Teje Mutters Liebe zu diesen Tieren, jedenfalls ein kleines bißchen. Mit den freien wilden Gänsen waren sie natürlich nicht zu vergleichen, aber dennoch ... Teje strich sanft über das braune Gefieder. Das Hühnchen schien es zu mögen und drehte den Kopf, damit Teje alle Stellen erreichte.

Nach geraumer Zeit quietschte die Klinke der Stalltür. Gleich darauf hörte Teje die lockende Stimme ihrer Mutter.

»Komm wieder zurück ins Warme, Teje. Vater hat sich beruhigt. Ich will mit dir beraten, welche Gestalten wir in diesem Jahr für den Kenkenboom backen werden.«

»Für den Kenkenboom!« wiederholte Teje sehnsüchtig und hatte ihren Kummer schon halb vergessen. »Darf ich die Tiere verzieren? Der Eber soll ein wilder mit langen gefährlichen Hauern werden. Der ist für mich. Und für dich mache ich einen roten, ganz lieben Hahn, der keinem braunen Huhn das Futter stiehlt, ja?«

Eike lachte leise, tappte den Stallgang entlang zur Kälberbox und reichte Teje über die Mauer hinweg die Hand.

Teje schmiegte sich eng an sie, als sie in die Küche zurückgingen. Vater mochte den Kenkenboom mit seinen Figuren, die es schon Jahrhunderte bevor die Hallig christlich wurde gegeben hatte, nicht. Das allein war für sie Grund genug, ihrer Mutter zu helfen. Schade nur, daß Gänse nicht an das hölzerne Gestell gehörten.

Erleichtert entdeckte Teje, daß Vater und Bruder nicht mehr in der Küche waren, Haie war bestimmt müde von der Jagd und lag schon im Alkoven. Und Vater war wahrscheinlich in die Nachbarschaft gegangen, um sich über die kriegerische Ringelgans auszulassen.

Als Teje am nächsten Morgen gerade widerwillig das mollig warme Federbett zurückschlug, kam die Mutter in die Dörns.

»Bleibt ruhig noch liegen, wenn ihr möchtet«, sagte Eike. »Der Sturm vergangene Nacht war nicht sehr stark, aber wir haben trotzdem Landunter.«

»Juchhu!« brüllte Haie aus dem anderen Alkoven heraus. »Schulfrei!«

Teje holte sich ihr Federbett zurück und schloß die Augen, um die Lage zu überdenken. Schulfrei, ja, aber das war nebensächlich, sie ging gern zur Schule. Wichtiger war, was jetzt mit Alwine passierte.

Ringelgänse kannten kein Landunter. Im Herbst und im Frühjahr, wenn sie durchzogen, gab es kaum Sturmfluten, die kamen im Winter. Und wenn doch einmal: Sie konnten fortfliegen. Nur Alwine nicht. Sie war auch kein Wasservogel. Sie mußte sich auf festes Land retten.

Und festes Land auf der Hallig bedeutete: eine Warf!

Das Federbett flog in die Höhe, als Teje es sich von den

Beinen katapultierte und aus dem Alkoven sprang. In aller Hast kleidete sie sich an, begleitet von den leisen Schnarchgeräuschen ihres Bruders. Dann stürzte sie in die Küche.

Die verwunderten Blicke ihrer Eltern, die schon am Frühstückstisch saßen, trafen Teje. »Ich muß nach Alwine sehen«, sprudelte es aus ihr heraus. »Hoffentlich ist sie nicht ertrunken! Sie weiß doch gar nicht, was sie bei Landunter tun muß!«

»Wer ist denn Alwine, Kind?« erkundigte sich Eike voller Mitgefühl.

»Die Ringelgans, die die Enten warnt«, erklärte Teje und wurde rot vor Verlegenheit. Jetzt half es nicht mehr, sich auf die Zunge zu beißen, sie konnte genausogut alles berichten. »Sie hat sich verletzt und ist nicht mit den anderen nach Süden geflogen.«

»Ach, ja?« fragte Erk mit auffallend duldsamer Stimme. »Steht sie gut im Futter?«

»Gut im Futter«, wiederholte Teje verwirrt und sah ihren Vater an. In seinen Augen entdeckte sie dieses verräterische Leuchten, das er hatte, wenn er zur Jagd aufbrach. Selbst Haie hatte er schon damit angesteckt. Dann begriff sie plötzlich, was er meinte, und es verschlug ihr die Sprache vor Empörung.

»Na?« fragte Erk.

»Nein. Nein«, stammelte Teje. »Alwine ist mager. Räudig. Die Federn stehen in alle Himmelsrichtungen von ihr ab. Bestimmt hat sie die Spanische Grippe oder die Masern!« Etwas anderes wollte ihr nicht einfallen. Hilfesuchend sah sie zu ihrer Mutter hinüber.

»Ich habe zwar von Masern bei Vögeln noch nicht gehört«, griff Eike ihren stummen Hilfeschrei auf, »aber das mag es ja geben. Wer weiß? Vielleicht verbreiten kranke

Vögel die Masern bei Kindern. Ich danke dem Herrn, daß auch diese Epidemie vorüber zu sein scheint und daß unsere Kinder verschont geblieben sind. Aber wir wollen vorsichtig bleiben!«

»Unsinn«, versetzte Erk brüsk und füllte sich noch einen Schlag Grütze auf den Teller.

»Nein, wirklich nicht, Erk«, widersprach Eike beharrlich, »heutzutage entdecken sie ganz viel Neues, was Krankheiten betrifft. Die Ärzte ...«

»Du liest zuviel Zeitung, Eike! Wo nimmst du eigentlich die Zeit dafür her?«

Auf Zehenspitzen zog Teje sich zur Tür zurück, während sich die Eltern stritten. Wie immer würde die Mutter nachgeben. Die einzige Ausnahme war der Kenkenboom, bei dem sie nicht mit sich reden ließ. Aber auch jetzt war Teje der Mutter natürlich dankbar dafür, daß sie den Vater in diese Diskussion verwickelt hatte, denn damit verschaffte sie ihr die Möglichkeit zu entwischen und draußen nach dem Rechten zu sehen.

Noch pfiff der Starkwind um die Ecken. Aber Teje, die auf der Ostseite des elterlichen Hauses aus der Stalltür trat, befand sich im Windschatten und konnte sich in aller Ruhe umsehen.

Das Morgenlicht blieb trüb unter dem bedeckten Himmel. Trotzdem war das Wasser, das sich über die Hallig gelegt hatte, gleißend hell. Teje kniff die Augen halb zusammen. Heute hatte sie keinen Sinn für die Schönheit des Meeres, aus dem nur die Warfen mit den Häusern herausschauten. Heute hatte sie nur Sorge um Alwine.

In nächster Nachbarschaft befand sich die Kirchwarf, auf der auch die Schule stand. Einzelne dunkle Punkte im Wasser davor waren wahrscheinlich Eiderenten und Trauerenten.

Sie wandte sich der Warf zu. In einiger Entfernung von ihr spazierten Möwen auf der Kante herum. Einen Meter unter ihnen patschten in Lee die Wellen kraftlos gegen das Gras. Das Wasser sank schon, wie Teje am zurückgebliebenen Wall von Tang und Seegras erkennen konnte, die den Höchststand des Wassers markierten, der vielleicht in den Morgenstunden eingetreten war.

Teje begann ihre Wanderung um die Warf entlang des angeschwemmten Abraums. Wenn Alwine im Umfeld der Ketelswarf ertrunken war, mußte sie hier irgendwo liegen.

Die Möwen hoben ab, ließen sich im Wind einige Augenblicke treiben und senkten sich ein paar Meter weiter wieder auf die Warf hinab. Eine setzte sich neben einen großen dunklen Klumpen. Teje erschrak. Der Klumpen war ungefähr so groß und gefärbt wie eine Ringelgans.

Sie begann zu laufen. Die Möwen stoben davon.

Es war nur ein Torfbrocken. In seiner Nähe lag ein toter Eidererpel, der an den grünen Federn am Hinterkopf leicht zu erkennen und mit einer Ringelgans nicht zu verwechseln war. Auch um ihn tat es ihr leid.

Allmählich gelangte Teje auf die Nordseite der Warf, wo sie sich gegen den Wind stemmen mußte, um nicht umgeblasen zu werden. Weit und breit lag nichts, das Alwines Körper ähnelte. Sie schöpfte Hoffnung.

Endlich war sie einmal um die Warf herumgegangen. Alwine war nicht ertrunken. Zumindest nicht an der Ketelswarf.

Frohgemut und fast triumphierend klinkte Teje die Tür zum elterlichen Haus auf. Als sie beide Türflügel mit beträchtlichem Kraftaufwand hinter sich zugezogen und wieder verriegelt hatte, drehte sie sich um und entdeckte in der Diele den Vater.

Er stand mit dem Rücken zu ihr und überprüfte Masche für Masche das Netz des Entenketschers, der an der Wand zum Stall lehnte. Zum erstenmal nahm Teje wahr, wie gefährlich selbst der kräftige Handgriff wirkte. Sie hätte sich nicht gewundert, wenn er dafür geeignet gewesen wäre, Robben zu erschlagen. Und erst Alwine ... Teje biß sich auf die Unterlippe und schlich an der Wand entlang am Vater vorbei, der sie nicht wahrnahm, in die Küche. Aber die frohe Botschaft, mit der sie ihre Mutter hatte überraschen wollen, blieb ihr im Halse stecken. Sie brachte nur ein schwächliches Räuspern zustande.

IV

Teje erwachte früh am nächsten Morgen mit einer bösen Vorahnung. Was stimmte denn nicht? Sie lauschte. Der Sturm war endgültig vorbei. Kein Rütteln mehr an den Läden, kein Klappern oben auf dem Dach, nicht einmal mehr ein Säuseln an den Fenstern.

Dann wußte sie es! Aus dem Stall erklang ein mörderisches Kreischen. Dabei war ihr Schwein doch schon im November geschlachtet worden! Außer einem Schwein konnte nur eine Gans so schreien. Alwine?

Ohne in ihre Schuhe zu fahren, lief Teje hinüber in den Stall. Auf den ersten Blick schon sah sie, daß die Entenklappe wie ein Deckel auf den Seitenwänden der Kälberbox auflag. Mit wenigen Schritten war sie dort und starrte durch die Maschen des Netzes nach unten. Die Gans, die auf den nackten Pflastersteinen stand, war verstummt. Sie spähte aus ihren schwarzen Knopfaugen nach oben.

»Arme Alwine«, flüsterte Teje beklommen, »das habe ich nicht gewollt.«

Ohne sich darum zu scheren, daß Heu im Winter immer knapp war, klaubte sie einen Armvoll aus dem Vorrat und schob ihn vorsichtig in den Verschlag, nachdem sie das Türchen geöffnet hatte. Außerdem streute sie Körner vor Alwine hin und stellte ihr eine Schale mit Wasser in die Ecke.

Schließlich flüsterte sie eine Weile mit Alwine, die sich aber nicht äußerte, sondern an die Wand zurückwich und auch die Körner nicht anrührte.

Entmutigt und frierend tappte Teje irgendwann in die Dörns zurück, um sich anzuziehen.

»Hast du sie schon gesehen?« stichelte Haie beim Frühstück. »Haben wir das nicht gut gemacht? Deine Gans ist uns in der Nacht in die Falle gegangen, und am ersten Weihnachtstag gibt es statt Ente eben Gans!«

»Du wirst sie abscheulich finden«, fauchte Teje. »Sie schmeckt bestimmt tranig!«

»Da kann ich dich beruhigen, Teje«, mischte sich der Vater ein. »So junges Fleisch wird wohl kaum tranig schmecken.«

Alwine! Jetzt war sie schon kein lebendes Tier mehr, sondern junges Fleisch! »Mutter, sag doch was«, bat Teje unter Tränen. »Daß sie sich nicht rupfen läßt oder zäh wie Leder bleibt oder irgend etwas anderes ...«

Eike zuckte hilflos mit den Schultern. »Was soll ich sagen, Teje? Jedenfalls nicht, daß die Gans Masern hat. Im Gegenteil, obwohl sie mit dem Ketscher eingefangen wurde, ist ihr Gefieder makellos. Vater wird sie wie üblich rupfen, und sie wird einen wunderbaren Weihnachtsbraten abgeben.«

Das war ja Verrat von allen Seiten. Teje schluchzte laut unter den spöttischen Blicken ihres Bruders und den verärgerten des Vaters.

»Was die Gans betrifft, wundere ich mich, daß du imstande bist, mir so glatt ins Gesicht zu lügen«, bemerkte Erk. »Von wegen räudig!«

Das Wasser war abgelaufen, und die Wege waren frei. An diesem Tag fand die Schule wieder wie gewöhnlich statt.

»Es ist plötzlich kalt geworden«, stellte Eike mit einem Blick aus der Haustür fest. Kopfschüttelnd zog sie Teje die Handschuhe über, die keine Miene machte, es selbst zu tun. »Was ist denn, Teje?« fragte sie besorgt. »Du bist doch sonst so vernünftig.«

»Und ich nicht?«

»Doch, du auch, manchmal jedenfalls«, antwortete Eike ihrem Sohn geduldig.

Teje warf Haie einen schrägen Blick zu. Immer versuchte er, sich in den Vordergrund zu spielen. Mutter kümmerte sich stets mehr um ihn als um sie. Was sie betraf, war es ihr egal, ob sie frieren mußte oder nicht. Sie konnte nur an Alwine denken.

Eine wilde Gans, eingesperrt in einem dämmrigen Verschlag! Am Auffliegen durch ein Netz gehindert, und zu grasen gab es nichts. Dann die ungewohnten Geräusche der drei Kühe, die in ihren Ständen herumtrampelten und gelegentlich muhten. Und schließlich roch es im Stall nicht besonders angenehm, jedenfalls nicht, bevor der Vater morgens, mittags und abends den Mist und die Jauche aus der Rinne nach draußen geschoben hatte. Konnte eine Gans überhaupt riechen?

»So, Kinder, es wird Zeit. Ihr müßt los«, unterbrach Eike ihre Gedanken.

»Mutter, kann eine Gans eigentlich riechen?« Teje machte noch keine Miene zu gehen. Sie zuckte zusammen, als sie Alwine jenseits der Stallwand schreien hörte.

»Ich weiß nicht.« Nach einer Pause. »Doch, ich denke schon. Wir alle können riechen.«

»Ich habe ja keine Ahnung, ob ihr euch jetzt beide als Federvieh fühlt«, unterbrach Haie ihr Gespräch wenig feinfühlig, »ich jedenfalls nicht. Ich mache mich jetzt auf den Weg zur Schule. Teje kann ja hinterherfliegen.«

»Haie! Sei nicht so frech!«

Doch Haie grinste nur und trat mit solcher Kraft gegen den Türflügel, daß dieser gegen die Hauswand krachte. Seitdem er und Vater die Gans überlistet hatten, war er unerträglich, dachte Teje, aber schon bevor sie den Küchengarten ganz durchquert hatte, waren ihre Gedanken wieder bei Alwine. Und anderem.

Drei Mal ermahnte der Lehrer an diesem Tag Teje zur Aufmerksamkeit, worüber sich am meisten ihr Bruder freute. Die jüngeren Schüler freuten sich nicht, denn für gewöhnlich kümmerte sich Teje um sie, solange der Lehrer sich intensiv mit den Älteren befaßte oder gar eine Arbeit schreiben ließ. Aber heute taugte Teje für nichts, und der Lehrer ließ seine beste Schülerin schließlich nachsichtig in Ruhe.

Teje schmiedete Pläne. Noch schwankte sie, ob sie zu ihrer einzigen Freundin auf Tadenswarf ziehen oder ihre Oma in Bredstedt besuchen sollte. Aber eines von beidem sollte es werden, denn mit einer im Stall eingesperrten, schreienden Ringelgans war ihr die Ketelswarf unerträglich geworden.

»Teje! Welche Pflanzen blühen im Frühsommer auf der Hallig? Erklärst du es uns?«

Schon wieder wurde sie durch den Lehrer gestört! Teje fand, daß er dazu überhaupt kein Recht hatte. Sie war an diesem Tag mit anderen Dingen beschäftigt. Störrisch schüttelte sie den Kopf. Von ihr würden die Kleinen es heute nicht hören. Das mußte der Lehrer schon selbst erledigen.

Seufzend gab er auf.

Und Teje fand endlich Zeit sich zu entscheiden. Sie würde zur Großmutter gehen. Wahrscheinlich würde der Vater sie ohnehin aus dem Haus werfen, sobald sie ihren Plan ausgeführt hätte. Aber schließlich trug sie die Verantwortung für Alwine.

Ganz leise, um ihren Bruder nicht zu wecken, schlüpfte Teje in stockdunkler Nacht aus dem Alkoven und tastete sich in die Diele. Ohne das leiseste Quietschen schob sie den Riegel nach oben, schlüpfte in den Stall und schloß die Tür wieder.

Einen Moment blieb sie stehen, um zu lauschen. Hin und wieder rührte sich eins der Rinder, ein Huhn gab im Schlaf leise Laute von sich. Dann erhob sich eine Kuh mit ziemlichem Getöse, gleich darauf ertönte ein kräftiges Plätschern auf den Steinen des Stallgangs. Als die Kuh wieder hingeplumpst war, blieb es still im Stall.

Auch aus der Diele war kein Geräusch zu vernehmen. Der Vater, der einen leichten Schlaf hatte, war nicht wach geworden. Aber ein eisiges Erschrecken packte Teje plötzlich. Was war mit Alwine? Lebte sie nicht mehr?

Besorgt lief Teje auf Zehenspitzen bis zur hinteren Ecke des Stalls und kroch unter das Netz. Ihre tastenden Hände fanden Alwine einen Augenblick später, sie war warm und weich, und alle Federn lagen, wie sie sollten.

Teje schickte einen dankbaren Blick nach oben, dann packte sie resolut den runden Körper der Gans, drückte ihn behutsam an sich und krabbelte auf Knien wieder in den Stallgang zurück.

Alwine gab keinen Mucks von sich. Am aufgeregten Klopfen ihrer beider Herzen spürte sie vielleicht, daß Teje ihr nichts Böses wollte. Oder sie hatte inzwischen gegessen und getrunken und erinnerte sich, daß Teje sie versorgt hatte.

Mit einem Finger hob Teje den Riegel hoch und schob die Außentür auf.

Atemlos vor Staunen, blieb sie auf der Schwelle stehen und schaute sich um. Millionen von Sternen leuchteten in dieser Nacht, oben und ringsum, über der Insel Pellworm und über dem Festland. Es war, als hätten sie darauf gewartet, daß ein Geschöpf, das jede Nacht in ihrem Licht schlief, wieder zu ihnen zurückkehrte.

»Ja, jetzt bist du wieder frei«, flüsterte Teje, strich Alwine zum Abschied über das Köpfchen und stellte sie behutsam auf den Boden.

Alwine fuhr sich eilig zweimal mit dem Schnabel über das Gefieder, dann schaukelte sie den Warfabhang hinunter und verschwand im Schatten eines Grabens.

V

Am Morgen schrak Teje in die Höhe, geweckt von einem entsetzlichen Gebrüll unmittelbar neben ihrem Kopf. Zwischen ihren aufgezogenen Alkovenvorhängen stand der Vater, mit purpurrotem Gesicht, und auf seiner einen Handfläche wippte der Rohrstock auf und nieder.

»Ich wiederhole«, brüllte er, außer sich vor Zorn. »Wo ist unser Weihnachtsbraten geblieben? Was hast du mit der Gans gemacht?«

Teje zog das dicke Federbett bis zur Nasenspitze hoch und ließ ihren Vater nicht aus den Augen. »Freigelassen«, hauchte sie.

»Was? Ich kann dich nicht verstehen!«

Teje spitzte die Lippen und zog das Federbett ein wenig herunter. »Freigelassen.«

»So. Das wollte ich nur hören«, sagte der Vater laut, aber wenigstens schrie er nicht mehr. »Das habe ich mir nämlich gedacht.«

Vielleicht hatte ja auch Haie gepetzt. Vielleicht hatte er mitbekommen, daß sie nachts länger außerhalb des Bettes gewesen war, als man brauchte, um seine Notdurft im Stall zu verrichten. Aus dem Augenwinkel konnte Teje sehen, wie ihr Bruder, den Kopf auf die Hand gestützt, Vaters Standpauke interessiert und mit wohlwollender Miene anhörte.

»Du bekommst Hausarrest!« fuhr der Vater fort. »Außerdem wirst du zur Strafe keinen Bissen vom Weihnachtsbraten essen. Für dich reicht gewöhnliche Grütze. Ohne Butter.«

»Von welchem Weihnachtsbraten denn?« fragte Teje kläglich. Nun verstand sie gar nichts mehr. Er war doch fort!

»Mutter wird natürlich eins von ihren Hühnern hergeben«, sagte Erk lakonisch.

»Nein«, rief Eike entsetzt, die offenbar in diesem Augenblick in die Dörns gekommen war.

Teje setzte sich auf. »Nein, Vater!« rief sie kühn. »Du kannst nicht einfach über Mutters Lieblinge bestimmen! Außerdem schlachtet man kein Huhn, das Eier legt, das ist unvernünftig!«

»Daran hättest du eher denken sollen«, versetzte Erk mitleidlos und verließ mit steifem Rücken die Dörns.

Teje streckte ihrer Mutter die Hand entgegen, um sie zu trösten. Doch Eike hatte die Hände vor das Gesicht geschlagen und weinte still hinein. Ihre Schultern bebten. Teje begann plötzlich Haß gegen ihren Vater zu empfinden. Warum mußte er die Mutter bestrafen, wenn er sich über seine Tochter geärgert hatte?

»Stellt euch doch nicht so an«, mahnte Haie, halb verächtlich, halb ungläubig. »Wie kann man denn sein Herz an ein Huhn hängen?«

»Du gefühlloses Biest«, schrie Teje ihn an.

»Sei du dankbar, daß Vater ein besonnener Mann ist, der so schnell nicht zuschlägt«, versetzte Haie. »Verdient hättest du es.«

»Ach, halt doch den Mund!« Teje kümmerte sich nicht weiter um Haie. Sie schwenkte die Beine aus dem Bett und lief zur Mutter.

Aber Eike entwand sich der Umarmung ihrer Tochter und verließ stumm den Raum. Wie versteinert sah Teje ihr nach.

An diesem Tag wurde weder gebacken noch von Weihnachten gesprochen. Die Stimmung im Haus war so frostig wie draußen die Luft. Alle gingen einander aus dem Weg.

Verstohlen beobachtete Teje ihre Mutter. Eike trauerte um das Huhn. In dieser Situation brachte Teje es nicht fertig, zur Großmutter zu flüchten.

Welch schreckliche Adventszeit, dachte sie lustlos und verzog sich in den Stall. Die Arme um den Oberkörper geschlungen, die nackten Füße in den Holzpantinen, mochte sie nicht einmal die Grashälmchen, die zwischen den Zehen kitzelten, herausklauben.

Teje merkte gar nicht, wie auf diese Weise die Tage verstrichen. Erst eine zufällige Bemerkung ihres Bruders beim Abendessen ließ sie aufhorchen.

»Ich bin heute über das Eis nach Butwehl und zurück gegangen, Vater«, berichtete Haie stolz. »Das Eis trägt schon.«

»Trotz der Strömung im Westerwehl?« erkundigte sich Erk beeindruckt und schaufelte sich drei Porrenfrikadellen* auf einmal auf den Teller. »Donnerwetter, das ist aber schnell gegangen!«

»Du bist doch vorsichtig, Haie?« fragte Eike besorgt.

»Ach, Mutter«, antwortete der mit vollem Mund.

»Wenn wir viel Glück haben«, sagte Vater Erk und krauste die Stirn, »kommt mal wieder Wild über das Eis vom Festland auf die Hallig. Ein Hirsch, ein Reh oder gar ein Wildschwein ...«

»Hast du denn schon mal ein Stück Wild geschossen, Vater?« Haie rutschte aufgeregt auf seinem Stuhl herum.

Teje sah verstohlen von einem zum anderen. Schon wieder hatten sie diesen gierigen Blick aller Jäger.

»Vor vielen Jahren kam ich mal zum Schuß. Ich traf auch«, erzählte Erk grimmig. »Aber dann wurde es dunkel. Erst am nächsten Tag wurde der Hirsch vor der Honkenswarf erlegt.«

»Ich denke, du hattest ihn geschossen«, warf Haie empört ein.

»Na ja, ich hatte in den Hinterlauf getroffen ... Auf der Honkenswarf meinten sie, daß mir dafür kein Anteil vom Fleisch zustünde. Ich war anderer Meinung, aber das nützte nichts. Schließlich haben sie den Hirsch leichter gekriegt, weil ich die Vorarbeit geleistet hatte.«

»Klar, Vater«, stimmte Haie emphatisch zu.

»Deswegen habe ich gewissermaßen noch ein Stück Wild gut, verstehst du, Haie?«

»Klar, Vater!«

»Hoffentlich schnappen die von der Honkenswarf mir das Wild nicht wieder vor der Nase weg!«

»Hoffentlich nicht«, echote Haie. »Darf ich die Flinte putzen, Vater?«

* Porren: Plattdeutsch für Krabben, Garnelen

Mutter Eike rollte mit den Augen. Teje verstand, was sie meinte. Wieder einmal verteilten die Männer das Fell des Bären, bevor sie ihn erlegt hatten.

Aber Teje interessierte sich dafür nicht. Sie bekämpfte ihre Panik. Wenn es so kalt war, würde Alwine kein Futter finden. Gefrorenes Halliggras konnte einer Gans ja gar nicht bekommen! Und draußen im Watt? Tang und Seegras froren im Winter zurück. Mit ihm verschwanden all die Tiere, die zwischen den Pflanzen lebten, wohin, wußte Teje nicht, aber jedenfalls waren sie nicht mehr da. Butterweiches Gelbes würde es bis zum Frühsommer nicht mehr geben.

Und zwischen Watt und Halligland pflegte sich zu solchen Zeiten eine brüchige, knirschende Decke aus salzigem Eis zu legen, die mit jeder Flut ein wenig in die Höhe wuchs. Es konnte gar keine Rede davon sein, daß eine Ringelgans dort noch an Pflanzen gelangen würde, die sowohl dem Salz als auch dem Eis einige Zeit standhielten. An Halligfliederblätter, beispielsweise, oder an die graugrüne Keilmelde, notfalls sogar an harte Riedgräser …

»Teje, kann ich deine Frikadelle haben?« fragte Haie und angelte danach, bevor Teje zugestimmt hatte. »Kann ich doch bestimmt. Du hast ja keinen Hunger.«

»Meinetwegen«, murmelte Teje und legte ihre Gabel auf dem Teller ab. Zwar hatte sie sehr wohl Hunger, aber Alwine hatte noch größeren. Und sie wußte jetzt, was sie zu tun hatte.

Wieviel Korn brauchte eine Ringelgans eigentlich, wenn sie sonst nichts zum Essen fand? Teje wußte es nicht. Auf jeden Fall durfte es nicht zu wenig sein. Und schließlich mußte sie auch damit rechnen, erwischt zu werden und nie wieder an die Vorräte zu kommen.

Deshalb mußte sie gleich beim ersten Mal ausreichend Korn stehlen, das hieß, eine hohe braune Kruke randvoll. Erst im Frühjahr würde die Mutter darin Möweneier einlegen wollen und sie bis dahin nicht vermissen.

Es war sternenklar und bitterkalt, als Teje die Stalltür öffnete und ins Freie trat. Aber mit einem höchst zufriedenen Gefühl huschte sie auf der Warf unterhalb ihres Hauses umher und streute Korn aus, bis der Topf halbleer war.

VI

Am nächsten Morgen herrschte auf der Hallig helle Aufregung. In Windeseile hatte sich die Nachricht verbreitet, daß ein Fuchs gesichtet worden war, zuerst an der Hunnenswarf, dann in der Nähe der Honkenswarf. Offensichtlich schnürte er an der Nordseite der Hallig entlang auf der Suche nach Eßbarem.

Teje kümmerte sich nicht um die Angelegenheiten der Männer. Ob Hirsch oder Fuchs, war ihr gleichgültig. Ungeduldig wartete sie darauf, daß die Jäger, die sich um das Haus versammelten, endlich abzögen.

Markige Worte wehten über die Warf. Den Fuchs würde man schnell einkreisen! Auf keinen Fall würde man dulden, daß er blieb, während womöglich das Eis schmölze und er auf der Hallig gefangen wäre, eine stete Gefahr für Brandgänse und Möwen. Deren Eier benötigte man schließlich selbst. Erinnerungen an andere Füchse kamen hoch, dann wechselte das Gespräch zu den Steinmardern, die kleiner waren als Füchse, dafür aber blutrünstiger und ein besonderes Ärgernis für die Hausfrauen, weil sie nicht einzelne Eier stahlen, sondern im ganzen Gelege räuberten.

Während die Männer schwatzten, spielten die Jungen

fangen und schlugen mit ihren Stöcken nacheinander. Teje sah ihnen von der Stalltür aus zu, vor Ungeduld von einem Bein auf das andere tretend. Hinter ihr fütterte die Mutter die Hühner, gab mit sanfter Stimme unverständliche Laute von sich, auf die sie Antwort bekam, und Teje wurde himmelangst, daß sie bemerken könnte, wie sehr der Futtervorrat abgenommen hatte.

»Hoffentlich kriegen sie ihn«, bemerkte Eike plötzlich laut.

»Wen?« fragte Teje, die vor lauter Dankbarkeit, daß die Mutter wieder mit ihr sprach, verpaßt hatte, um wen es ging.

»Den Fuchs, natürlich. Füchse finden immer Zugang zu einem Hühnerstall, weiß der Himmel, wie sie es schaffen. Da kann man noch so sehr aufpassen.«

Teje drehte sich zu ihr um. »Du meinst, unsere Hühner sind auch in Gefahr?«

»Natürlich! Die Männer machen dem Fuchs mit ihrem Geschrei und indem sie mit den Stöcken in die Gräben schlagen, ja Todesangst. Und selbst wenn sie der Meinung sind, die Honkens- und die Hunnenswarf lückenlos umzingelt zu haben, wird der Fuchs ein Schlupfloch finden. Und wenn er erst einmal entwischt ist, ist die Ketelswarf an der Reihe. Dann wird er sich in den nächsten Nächten hier bei uns umsehen.«

»Wird er den Jägern wirklich entwischen können? Es sind doch so viele!« Teje beobachtete die Mutter etwas ungläubig.

Ihr Gesichtsausdruck wechselte vom Ernst, den das Leben sie gelehrt hatte, zu einem versteckten Schmunzeln. »Wenn du mich so geradeheraus fragst: Er wird ihnen entkommen, ganz gleich, wie viele sie sind. Füchse sind schlauer als Männer und Hunde zusammen.«

Teje riß die Augen auf. Die Mutter ließ sich selten zu

einem Wort der Kritik an Männern hinreißen. Aber dieses war eindeutig Spott.

»Übrigens«, sagte Eike bedächtig, »Vater hat sich immer noch nicht ganz von seiner Krankheit erholt. Deswegen ist er dir gegenüber auch so aus der Haut gefahren. Du mußt Geduld mit ihm haben.«

Teje nickte widerstrebend und folgte mit den Blicken ihrer Mutter, die von Stallfenster zu Stallfenster ging und an den hölzernen Streben rüttelte. Alle waren fest. »Soll ich Wache halten, Mutter?« bot sie an, nicht ohne Hintergedanken. Wäre sie erst einmal mit mütterlichem Auftrag im Stall, könnte sie vielleicht auch einen Blick auf Alwine werfen, die sich in der Nacht am Korn gütlich tat.

Alwine! Ein schrecklicher Gedanke kam ihr. Würde Alwine nicht eine besonders leichte Beute für einen Fuchs sein? Um eine Gans zu fangen, die nicht fliegen konnte, benötigte er nicht einmal seine angeborene Schläue. Ohne Eikes Antwort zu hören, stolperte sie hinaus ins Freie.

Endlich zogen die Jäger ab. Teje wanderte mit den Händen auf dem Rücken in Halbkreisen auf der Warf umher, spähte betont auffällig über die See hierhin und dorthin und hatte doch nichts im Sinn, als festzustellen, ob das Korn verschwunden war.

Sie kam zum Schluß, daß ein Teil fehlte. Wenn nicht Mäuse oder Ratten es gefressen hatten, konnte Alwine dagewesen sein. Sie wäre gern ganz sicher gewesen, aber fürs erste mußte die Hoffnung ausreichen.

Einigermaßen erleichtert, kehrte sie in den Stall zurück, wo Eike noch ihre Kühe beobachtete, denen sie vor einer Weile Heu vorgeworfen hatte. Die erste lag bereits und käute wieder.

»Mutter, müssen wir wirklich ein Huhn zu Weihnachten essen?« fragte Teje. »Ich meine, geht es nicht ohne?

Mir täte es leid um deine Lieblinge. Kannst du nicht einfach nein sagen?«

»Dein Vater braucht Fleisch, um wieder zu Kräften zu kommen«, sagte Eike kurz und bündig. »Außerdem hat er sich geärgert. Deshalb will er Fleisch. Das kommt hinzu.«

»Fleischfresser«, murmelte Teje erbost. »Warum kann er nicht Seegras essen?«

Am späten Nachmittag kehrten die Männer zurück, müde und verärgert. »Wie vom Erdboden verschluckt«, nörgelte Erk, während er sich keuchend die Stiefel von den Füßen streifte und in die Ecke schleuderte.

»Vielleicht ist er schon zum Festland zurückgelaufen«, schlug Teje hoffnungsvoll vor.

»Im Gegenteil. Der Fuchs ist nach Westen vorgerückt. Die Hunde fanden frische Losung zwischen Honkenswarf und Ketelswarf. Als sie ihm aber nachjagten, ist der Fuchs wohl ins flache Wasser ausgewichen und hat sich draußen im Watt zwischen den Grasinseln versteckt. Unsere Hunde verloren jedenfalls seine Witterung.«

»Oh, oh«, sagte Eike, legte die Hände besorgt an die Wangen und warf Teje einen hilfesuchenden Blick zu.

Teje verkniff sich ein Grinsen. Warum hatten die Männer während der Ebbe jagen müssen? Bei Flut hätte der Fuchs sich wohl kaum verstecken können. Aber sie sagte nichts, sondern nickte nur ihrer Mutter beruhigend zu. Sie würde in der Nacht Wache halten.

Haie schlief den Schlaf der Gerechten, als Teje aus dem Bett kroch. Er rührte sich nicht einmal, als sie sachte die Apfelkiste aus dem Kartoffelloch unter ihrem Alkovenbett herauszog, bis sie an die dort gelagerten Äpfel gelangen konnte.

Teje hatte keinerlei Gewissensbisse, als sie sich mit dem stibitzten Apfel in den Stall schlich. Schließlich war sie im Auftrag der Mutter unterwegs. Jedenfalls hauptsächlich.

Sie öffnete den oberen Türflügel einen Spalt und setzte sich dicht neben die Tür. Eingehüllt in ihren dicken Winterumhang lauschte sie nach draußen.

Außer den Geräuschen, die die Kühe und die Hühner im Schlaf machten, war fast nichts zu hören. Allenfalls ein leises Piepsen, das aus dem Gebüsch am Geräteschuppen kam. Ein Singvogel im Schlaf. Aber nichts, das auf Aufregung durch einen herumschleichenden Fuchs schließen ließ.

Teje kämpfte mit dem Schlaf. Schließlich erhob sie sich, wand sich durch den Türspalt nach draußen und spähte umher. Alwine war nicht zu sehen. Etwas enttäuscht zerbiß Teje den Apfel in gänseschnabelgerechte Stücke, die sie auf dem Warfabhang verteilte. Anschließend verstreute sie sorgfältig den Rest des Korns.

»Nanu, Teje, schlaf mir nicht ein! Du bist doch wohl nicht mit den Jungen zusammen auf Fuchsjagd gewesen? Die dürfen heute müde sein. Aber du?«

Doch, ich bin sehr wohl auf Fuchsjagd gewesen, hätte Teje beinahe geantwortet, aber sie verkniff es sich. Statt dessen starrte sie störrisch auf ihre Schulbank, die von Tintenklecksen übersät war. Die mochte sie nicht, wohl aber das Segelboot, das ein früherer Schüler eingeritzt hatte. Ob man mit ihm nach Amerika segeln konnte? Sanft strich sie über das Holz, das an der Mastspitze schon gesplittert war.

»Nun, Teje?«

Teje sah hoch. Wenn der Lehrer einen Satz mit *nun* begann, war Vorsicht geboten. Dann war er ungehalten.

»Wie lange braucht man mit dem Boot nach Neu York?« fragte sie, ohne sich um seine Frage zu scheren. »Wenn man auswandern will, zum Beispiel.«

Ein Kichern ging durch die Bankreihen.

Der Lehrer war der einzige, der sie ernst nahm. »Ungefähr zehn Tage«, sagte er. »Je nach Wetter. Aber Auswandern ist nicht einfach, Teje.«

Haie, der aufgrund seiner schlechten Schulleistungen weiter vorn saß, drehte sich um. »Frauen und Mädchen allein können gar nicht auswandern. Das ist verboten.«

»Quatsch«, fauchte Teje. »Ich glaube eher, daß die Einwanderungsbehörden Männer ablehnen, die es nicht mal schaffen, einen Fuchs zu fangen!«

»Ruhe, Ruhe!« befahl der Lehrer mit erhobenen Händen, bevor die Geschwister anfingen, sich ernsthaft zu streiten. »Nachdem ihr nun alle aufgewacht seid, können wir uns mit den Vogelarten befassen, die nach Neujahr allmählich auf die Hallig zurückkehren werden. Haie?«

Doch Haie blieb stumm wie ein Fisch.

Daraufhin meldete sich Teje freiwillig.

Da der Fuchs die Jäger am Nachmittag wieder zum Narren hielt, sah sich Teje verpflichtet, eine weitere Nacht Wache zu halten. Aber sie fühlte sich furchtbar müde, als sie erneut auf dem umgedrehten Eimer neben der Stalltür Platz nahm.

Eine Sache erfüllte sie jedoch mit Genugtuung. Alwine mußte dagewesen sein. Apfelstücke und Korn waren aufgegessen worden. Möwen, die sich für den Apfel hätten interessieren können, hatte sie nicht gesehen, wann immer sie hinausgeschaut hatte.

Sie wickelte sich in ihren Umhang, die Füße in Mutters dickem Schal, den diese im Stall vergessen hatte. Oder hatte sie ihn gar nicht vergessen, sondern für Teje liegenlassen?

Teje lehnte sich an die Stallwand und dachte darüber nach. Und allmählich döste sie ein.

VII

Teje schoß in die Höhe, aufgeschreckt von einem kreischenden Schnattern draußen vor der Stalltür, in das Mutters Hühnerschar mit Krähen, Gackern und Flügelflattern einstimmte, begleitet vom Muhen der Kühe, die aufgestanden waren und unruhig in ihren Ständen herumtrampelten.

Mit klammen Fingern schob Teje die Tür weiter auf und erschrak: Alwine schien über dem Warfabhang zu schweben. Hochaufgereckt und mit ausgebreiteten Schwingen fauchte sie den Fuchs an, der wie ein jämmerliches braunes Fellbündel vor ihr im Gras saß und sie verdattert anstarrte.

Teje spürte eine Bewegung in ihrem Rücken. Sie sah sich um. Plötzlich stand die ganze Familie hinter ihr und sah nach draußen. Haie staunte mit offenem Mund.

Vater Erk begann leise zu lachen, und Teje merkte, wie sich sein Arm um ihre Schultern legte und er sie sanft an sich drückte. »Deine Gans?« fragte er.

Teje nickte überwältigt.

»Meine Hühner!« flüsterte Eike aufgeregt. »Ist ihnen etwas passiert?«

»Nichts, Mutter. Alwine hat sie beschützt«, sagte Teje, die ihre Stimme wiedergefunden hatte, stolz.

»Ein Lärm ist das«, sagte Erk, »als ob eine ganze Herde Gänse hier Wache schöbe. Dabei ist es nur eine einzige: eine mutige Ringelgans.«

»Das will ich meinen«, sagte Teje. »Und klug! Ihr habt sie erst fangen können, als das Eis kam, das ihr unbekannt war. Ein bißchen Gewöhnung, und ihr würdet es nicht mehr schaffen.«

»Mit Füchsen kann sie ganz gut umgehen«, fügte Haie hinzu.

Immerhin hatte er es zugegeben, wenn auch widerwillig. Wahrscheinlich hatte Mutter recht, Männer brauchten etwas länger, dachte Teje.

»Willst du ihn erschießen, Vater? Soll ich die Flinte holen?« bot Haie an.

Erk schüttelte den Kopf. »Das armselige Bürschchen, nein! Es hat auch nur Hunger. Und bald ist Weihnachten.«

»Außerdem läuft er in die richtige Richtung, Vater, nicht?« fragte Teje. »Nach Osten.«

Das Füchslein hatte endlich einen Weg gefunden, Alwine zu entkommen, die schließlich nicht auf ihn Jagd machte, sondern ihr Leben verteidigte. Wachsam drehte sie sich mit ihm. Ihr gefährlicher Schnabel wies stets in seine Richtung, als er in weitem Bogen an ihr vorbeischnürte.

Der Fuchs lief um sein Leben, geradewegs zurück zum Festland. Sie folgten ihm mit den Augen, soweit das Sternenlicht es zuließ.

»Wie kommt eigentlich die Gans an einen Apfel?« fragte Eike beherrscht. »An einen unserer Äpfel, meine ich.«

Alwine, die sich wieder beruhigt und ihre gewöhnliche Haltung angenommen hatte, beschäftigte sich tatsächlich inzwischen mit einem Apfelstück, ging ihm nach, als es den Abhang hinabrollte, und störte sich dabei nicht im geringsten an Tejes Familie.

»Ich mußte Alwine doch bestechen, Mutter«, antwortete Teje fröhlich. »Sonst hätte sie vielleicht Tante Gesines Hühner bewacht.«

»Ja, das ist wahr«, sagte Eike nachgiebig. »Einen Apfel gestehe ich ihr für diese Heldentat auch zu.«

»Zwei Äpfel«, verbesserte Teje. »Aber nicht nur Alwine, auch deine Hühner haben sich wie Heldinnen verhalten, finde ich. Der Fuchs muß Todesangst bekommen haben bei dem Lärm, auf den er nicht gefaßt war.« Sie drehte sich zum Vater um. Ein Teil dessen, was sie gesagt hatte, galt schließlich ihm.

Erk räusperte sich, umfing seine Frau und die Kinder mit den Armen und drückte sie alle an sich. »Ich glaube, wir sollten den Frieden des Weihnachtsfestes nicht durch den Mord an einer Heldin stören. Haben wir noch Porren, Eike?«

»Für so viele Frikadellen, wie du willst«, sagte Eike erleichtert. »Noch wird keine Not eintreten. Und was später kommt, sehen wir dann.«

»Gilt der Frieden für Alwine auch nach dem Fest noch, Vater?« erkundigte sich Teje zitternd vor Aufregung.

»Er gilt. Wir werden sie vor Räubern verteidigen, bis ihre Gänsefreunde im Frühjahr kommen, um sie abzuholen.«

»Räuber«, wiederholte Teje etwas beklommen. »Es gibt keine Räuber mehr, wenn der Fuchs die Hallig verlassen hat. Es gibt nur …«

»… Jäger. Ich weiß, wie du darüber denkst«, unterbrach Erk sie. »Ich werde allen Bescheid sagen, daß Alwine unter unserem persönlichen Schutz steht. Und daß sie es war, die den Fuchs verjagt hat. Ihr wird nichts passieren.«

»Ich werde Alwine alle Äpfel schenken, die ich auf meinem Weihnachtsteller finde«, jubelte Teje, die außer sich vor Erleichterung und Freude war und am liebsten den Warfabhang hinuntergetanzt wäre.

»Na ja, von mir kann sie auch zwei haben«, knurrte Haie. »Immerhin hat sie für uns die Hühnereier gerettet.«

»Sieh mal«, rief Teje und zeigte übermütig auf die Ringelgans.

Alwine hatte inzwischen alle Apfelstücke, die sie gefunden hatte, verzehrt. Sie streckte sich und bewegte wieder die Schwingen. Und dann hob sie, noch etwas unbeholfen, ab, flog über den Graben und landete jenseits auf dem Weideland.

Teje drehte sich um und sah Mutter und Vater, die Hand in Hand hinter ihr standen, lächeln. Jetzt war sie endlich sicher, daß der Weihnachtsfriede auch in ihr Haus eingezogen war.

Sie konnte die Festtage kaum noch erwarten.

Andrea Schacht
Ansichten einer Stallkatze

DRAMATIS PERSONAE:
Mara, die Falbkatze, Felis silvestris lybica
Xanthina, die Schlange, Vipera palaestina
Miriam, eine Virgo immaculata – mehr oder weniger

AUSSERDEM:
Joseph, ein gutgläubiger Ehemann
Ein Säugling, meist plärrend
Cornelius, ein römischer Hauptmann
Eine Wehmutter und Salome, ihre Schwester
Einige Hirten, Ochse, Esel, Schaf, Alef und Gimel, Maras Jungen

»Kssssanthina«, zischte sie. »Ksssssanthina, und nicht elende Schlange!«

Der dreieckige Kopf baumelte über mir von dem Balken, um den sich ihr dunkler Körper mit dem Zickzackmuster gewickelt hatte. Mitten in diesem Körper gab es eine Auswölbung. Darin befand sich bedauerlicherweise eines meiner Kinder.

Ich versuchte, mit der Kralle der schlitzäugigen Mörderin eine unzeitgemäße Häutung zu verpassen, aber Xanthina war zu schnell zurückgewichen und zischte mich weiter an.

»Hätte doch sowieso nicht überlebt!« erdreistete sie sich zu behaupten.

Ich sprang und schlug nach ihrem Schwanz. Blut tropfte

auf den strohbedeckten Boden des Stalls, und die Viper zeigte mir ihre Giftzähne.

Vorsichtshalber ging ich auf Abstand.

Sie hatte, auch wenn es mir schwerfiel, das zuzugeben, nicht ganz unrecht. Mein drittes Kind war schwächlich. Und mir blieben noch Alef und Gimel, die munter und kräftig schienen und schon bald ihre Augen öffnen würden. Trotzdem …

Ich hatte mir den Stall ausgesucht, um hier zu gebären und die Jungen über die ersten Tage zu bringen. Es war ein angenehmes Gebäude, aus Holz gezimmert, mit Stroh gedeckt, geräumig und weitgehend leer. Es stand inmitten saftiger Weiden, auf denen Schafe und Rinder grasten. Heu und Stroh waren reichlich vorhanden, mit dem ich mir ein schönes, warmes Eckchen in einer Futterkrippe zurechtmachen konnte. Mäuse waren, wie ich dachte, die einzigen Mitbewohner.

Bis ich eben gerade diese elende Schlange entdeckte.

Aber jetzt das schöne warme Lager verlassen? In dieser Zeit hatte die Sonne nicht soviel Kraft, die Nächte konnten empfindlich kühl werden. Nein, wir würden uns arrangieren müssen. Die Mäuse reichten für zwei, und meinen Kindern würde ich schon einschärfen, das drohende Zischen richtig zu deuten. Sowie sie die Augen aufhatten.

Als ich später bei meinem Rundgang durch den Stall nach Xanthina Ausschau hielt, fand ich sie zusammengerollt in tiefstem Verdauungsschlaf. Der würde eine Weile anhalten, und damit herrschte zunächst einmal Ruhe.

Dachte ich.

Wurde aber enttäuscht.

Es näherten sich Menschen, wahrhaftig! Und zwar keiner von den Hirten, die gelegentlich ein Nickerchen im Stroh hielten, sondern ein zauseliger Alter mit langem, grauem Bart, der einen Ochsenkarren führte, und eine junge Frau auf einem grämlich dreinschauenden Esel. Dessen grämlicher Blick war verständlich, denn die Frau war hochträchtig und wog sicher so einiges. Alle vier nahmen meinen Stall in Besitz.

Ich zog mich zu meinen Kindern in die Krippe zurück und beobachtete ihr Treiben mit wachsendem Mißtrauen.

Der Alte machte ein großes Getue um die Frau. Half ihr vom Esel, trug Ballen und Körbe herein, schüttete Stroh auf, breitete eine Decke aus und fragte die ganze Zeit: »Geht es dir auch gut, Miriam? Hast du auch keine Schmerzen, Miriam? Du hast doch bestimmt Hunger, Miriam!«

Sie hingegen seufzte nur: »Ach Joseph, lieber Joseph mein ...«

Danach verlor ich etwas den Überblick, denn Gimel und Alef wollten ihr Abendmahl. Das schwächliche Kätzchen schienen sie nicht zu vermissen. Na gut, es hatte sowieso kaum getrunken.

Nachdem ich die beiden Kleinen abgefüttert und ordentlich durchgeputzt hatte, schlummerten wir zusammengerollt ein.

Miriam schlummerte auch, als ich erwachte. Neben ihr hatte es sich der träge Ochse gemütlich gemacht, der Esel stand kauend an einen Eckpfeiler gebunden, und eines der wolligen Schafe hatte sich vor der Nachtkühle ebenfalls in den Stall geflüchtet. Es raschelte und mampfte und atmete und roch angenehm nach Pflanzenfressern. Einc beschauliche Atmosphäre schufen die vier. Joseph hingegen war nicht zu sehen. Ich sorgte dafür, daß meine beiden Kleinen nicht ausreißen konnten, warf noch einen kritischen Blick auf die tief schlafende Xanthina und schlüpfte dann nach draußen, um mich dem Jagdvergnügen zu widmen.

Die Nacht war sternenklar und kühl. Hinten auf den Weiden hatten die Hirten ihre Feuer entfacht und saßen, in ihre wollenen Umhänge gehüllt, um die knisternden Flammen herum.

Ich fand ein paar fette Mäuse, delektierte mich daran und schlich dann zu den Männern, um etwas Gesellschaft zu haben. Vorsichtig natürlich. Man kann den Menschen nicht trauen.

Siehe da, der zauselige Joseph saß bei ihnen. Er hatte sich ein räudiges Schaffell übergeworfen, sprach dem Wein zu, den die Männer in einem Schlauch kreisen ließen. Er salbaderte weitschweifig herum. Daß er hier Unterschlupf habe suchen müssen, weil in der Stadt alle Gasthäuser belegt seien. Ein typischer römischer Blödsinn sei diese Volkszählung. Alle Welt mußte umherreisen, um sich am Geburtsort registrieren zu lassen. Er habe seine Zimmermannsarbeit liegenlassen und sich auf den beschwerlichen Weg machen müssen. Mit Unmengen Gepäck und einem hochschwangeren Weib. Man beglückwünschte ihn zu diesem, wenngleich mit leicht hämischen Blicken.

»Noch ganz rüstig, trotz deines Alters, was? Aber ein junges Weib im Bett wärmt die morschen Knochen besser als jede weiche Decke!«

Joseph nahm noch ein paar kräftige Schlucke aus dem Weinschlauch. Das schien ihm die Zunge zu lösen. Er schwafelte etwas von treusorgender Hausfrau und gehorsamer Gemahlin, dann vertraute er den staunenden Hirten aber an, er hielte die Tatsache, daß sie empfangen habe, für ein reines Wunder. Denn – ähem – also ... Na ja, die zarte Miriam sei noch immer die Jungfrau, die er aus dem Haus ihrer Eltern geführt habe.

Es gab ein erheitertes Gemurmel unter den Zuhörern, die mit den natürlichen Vorgängen von Zeugung und Geburt bestens vertraut waren. So wie ich auch. Von nichts kommt nichts!

Joseph hingegen wurde zornig. Man solle sich gefälligst nicht über Wunder lustig machen, schließlich sei Miriam ein Engel erschienen und habe ihr die Geburt eines Kindes angekündigt. Das habe sie ihm hoch und heilig versichert. Und Base Elisabeth habe es bestätigt. Und ihm selbst sei nachts darauf der Engel auch im Traum erschienen. Jawohl! Da gäb's nichts zu lachen!

Mir war noch kein Engel erschienen. Scheint ein rares Geflügel zu sein. Aber ich weiß, wer meine Kinder gezeugt hat. Das war der rote Kater, der sein Revier an der Schafshürde hat. Der war ganz gewiß kein Engel. Aber voller Leidenschaft. Wie der gesungen hatte, als er um mich warb ... ach!

Immerhin, die Hirten waren gutmütig und ließen dem Alten seinen Glauben. Rechtschaffen müde und ordentlich abgefüllt, erhob er sich kurz darauf und trollte sich, ein wenig schwankend, Richtung Stall. Ich folgte ihm.

Mit einem dumpfen Plumps ließ er sich neben dem Ochsen ins Stroh fallen und bemerkte nicht, daß Miriam nicht an ihrem Platz war, sondern begann lauthals zu schnarchen. Wahrscheinlich hörte er wieder die Engelein singen.

Ich hingegen war von neuem Mißtrauen erfüllt. Was trieb diese Menschenfrau?

Ein schneller Blick in die Runde zeigte mir, daß sie ganz in der Nähe meines Lagers war, genau dort, wo meine Kinder in der Krippe schlummerten. Sie hielt einen derben Stock in der Hand, bereit, auf sie einzuschlagen.

Zorn kochte in mir hoch. Blutroter Zorn. Kreischend vor Wut schoß ich auf sie zu und wollte ihr meine Krallen in die Beine schlagen. Sie drehte sich mit einem leisen Ächzen um.

Ich blieb wie angewurzelt stehen.

Nicht Alef und Gimel waren das Ziel ihres Angriffs, sondern Xanthina, deren Schwanz leise raschelnd im Stroh verschwand.

»Ei, Kätzchen, du mußt besser auf deine Kinder aufpassen!« mahnte mich Miriam mit einer sanften, süßen Stimme. »Eine Schlange hat sich an ihr Nestchen herangemacht.«

Das war ein unerwartet netter Zug von ihr. Ich strich ihr zum Dank kurz um die Knöchel und setzte dann dieser elenden Schlange nach.

Xanthina hatte sich wieder oben um den Balken gewickelt und ließ ihren Kopf herabhängen.

»Mach nicht so ein Getue, Mara«, zischelte sie. Ich habe sie mir nur angesehen!«

»Hungrig angesehen! Begierig angesehen! Mit deinen bösen Vipernaugen angesehen!«

»Quatsch, ich esse nur alle sechs Tage ein Häppchen.« Sie grinste breitmäulig, und ihre Zunge flitzte zwischen den spitzen Zähnen hin und her. »In sechs Tagen wird noch mehr an ihnen dran sein!«

»In sechs Tagen wird erheblich weniger an dir dran sein, wenn ich dich noch einmal in der Nähe meines Lagers erwische!« fauchte ich sie an.

»Versuch'ssss!«

Xanthina schlängelte sich blitzartig höher und entblößte ihre Fangzähne. Damit war nicht zu spaßen. Wirklich nicht. Sie wußte, daß ich das wußte. Elende Giftschlange, die!

Ich kehrte zu den Kleinen zurück und putzte sie hingebungsvoll. Ihre Pelzchen waren noch so flauschig und weich, ihre Ohren noch ganz nach unten geklappt und ihre Lider geschlossen. Aber sie gaben so wunderliche Töne des Wohlbehagens von sich, daß ich mich ganz in meiner Zärtlichkeit verlor.

»Du hast niedliche Kinder«, flüsterte Miriam plötzlich neben mir. Sie war unbemerkt näher getreten und hatte uns beobachtet. Na gut, sollte sie. Sie schien keine üblen Absichten zu haben, und wer meinen Nachwuchs ohne Freßlust in den Augen bewundert, den toleriere ich auch. Außerdem hatte sie Xanthina verscheucht. Ich erlaubte ihr, mit dem Finger über Alef und Gimel zu streichen. Denen schien das zu gefallen.

»Ich werde auch bald ein Kind haben!«

Als ob das zu übersehen wäre.

»Wahrscheinlich schon morgen«, fügte sie mit einer schmerzlichen Grimasse hinzu.

Aha. Na, eine Strohkuhle für die Geburt hatte sie sich ja schon gerichtet. In die begab sie sich jetzt auch wieder.

Die Menschenfrau hatte sich nicht getäuscht, und am Morgen brach der triefäugig dreinblickende Joseph auf, um die Wehmutter zu holen. Es dauerte bis zum Abend, und manchmal tat Miriam mir leid. Katzen gebären leichter. Joseph konnte es nicht ertragen und gammelte wieder bei den Hirten herum. Zwischen den Wehen jedoch schien sich Miriam mit der Hebamme und ihrer Schwester Salome anzufreunden, und sie plauderte von ihrem Zuhause. Geheiratet hatte sie vor gerade mal einem Jahr. Sie war damals erst fünfzehn, aber die Eltern waren froh, einen Esser weniger am Tisch zu haben. Darum hatten sie das Angebot des siebzigjährigen Zimmermanns Joseph angenommen. Menschen regelten das auf eine blödsinnige Weise, fand ich. Ich brachte meinen Kindern, ob Männchen oder Weibchen, beizeiten das Mausen bei. Spätestens mit drei Monaten konnten sie selbst für ihre Nahrung sorgen, da brauchte es keinen alten Kater, der sie ernährte.

»Dein Mann erzählt herum, du seist noch Jungfrau, Miriam. Was soll denn der Unsinn?« wollte die Wehmutter wissen, der Joseph wohl auch diesen Bären aufgebunden hatte. »Du bist nämlich keine mehr!«

Miriam lachte gequält zwischen zwei Wehen.

»Besser, er glaubt es.«

»Er ist dein Mann und sollte es wissen, oder?«

»Er ist ein Greis. Du kannst dir denken, was er im ehelichen Lager noch zu leisten imstande ist.«

»Das ist nicht viel, was?«

Miriam keuchte sich durch eine Wehe und kicherte dann: »Hört sich an wie ich jetzt gerade. Er müht sich ab und schnauft und verdreht die Augen, aber nichts tut sich.«

»Was er sicher nicht gerne zugeben wird, was?«

»Nein, und darum hat er mich ja auch vor den Hohepriester gezerrt, der mir das Prüfungswasser zu trinken gegeben hat.«

»Ah, geweihtes Wasser, vermischt mit dem Staub vom Boden des Heiligtums. Und ein Haufen saftiger Flüche, was? Hat's geschadet oder genützt?«

Miriam konnte nicht antworten, eine weitere Wehe beutelte sie. Ich fragte mich, was ein bißchen Dreckwasser wohl bewirken sollte. Mir bekam das.

Die Wehmutter wischte Miriam den Schweiß von der Stirn, und als sie wieder einigermaßen ruhig atmen konnte, schnaufte sie: »Erst einmal hat es geholfen, weil mir nichts passierte und der Priester mich deshalb frei von Sünden sprach. Hat aber trotzdem noch einigen Ärger gegeben. Joseph wollte mich heimlich verlassen. Aber wie hätte ich dann dagestanden, ohne Ernährer und Versorger!«

»Darum hast du ihm etwas von einem Engel erzählt. Gewagt, Mädchen, gewagt!«

»Nicht so sehr. Er glaubt fest an solche Dinge.«

»Und du?«

Schulterzucken.

»Hast einen Jüngeren gefunden, was?«

Noch ein Schulterzucken.

»Na, ich bin die letzte, die dir einen Vorwurf macht. Und nun pressen!«

Salome begann indessen, irgendwelche Stofftücher zu entfalten, und sah sich suchend um.

»Keine ordentliche Wiege, kein Bettchen!« murrte sie. »Und auch zu essen ist nichts Vernünftiges hier. Ich werde mal nach Hause gehen und dir einen Krug Suppe holen. Wirst bald hungrig sein, Miriam! Es ist eine Schande, daß dich der Alte hierhergeschleppt hat!«

So ähnlich beurteilte ich die Lage auch. Der war nicht die erste Wahl als Ernährer und Versorger, der alte Zausel Joseph.

Salome verließ den Stall, und Miriam quälte sich durch die nächsten Wehen. Ich fühlte mit ihr und schlich mich etwas näher. Einmal sah sie mich mit schmerzverhangenen Augen an, aber zu meiner Überraschung brachte sie ein winziges Lächeln zustande. Ich hätte ihr gerne geholfen, aber das, was sich da abspielte, das mußte sie, wie alle Frauen, alleine durchstehen. Das einzige, was ich tun konnte, war, für ihr Kind eine Bleibe zu bereiten. Ich tretelte also weiter hinten – weit weg von Xanthinas üblichen Ruheplätzchen – ein neues Lager in das Stroh und holte Alef und Gimel aus der Krippe. Die beiden maunzten zwar ein wenig unwillig, als ich sie aus ihrem warmen Nest entfernte, aber als ich ihnen meinen Bauch zudrehte und sie die Zitzen fanden, beruhigten sie sich sofort wieder.

»Du scheinst dich mit der Stallkatze angefreundet zu haben, Miriam«, stellte die Wehmutter fest. »Sie hat gerade ihre Jungen aus der Krippe getragen. Da werden wir gleich das Kind hineinbetten.«

»Ist zutraulich ...«, stöhnte Miriam. »... mag Katzen ...!«

Das Kind wurde nach Einbruch der Dämmerung geboren, und das Schicksal nahm seinen Lauf.

Ich streifte wieder jagend durch das Feld, und als mein Blick nach einer üppigen Mahlzeit gen Himmel wanderte, bot sich mir ein beeindruckendes Schauspiel. Ich hatte schon in den Nächten zuvor beobachtet, daß sich dort droben etwas veränderte. Von irgendwoher war ein heller Streifen zwischen dem Gefunkel aufgetaucht. Tagsüber sah man ihn nicht, aber mit jeder Nacht war er deutlicher geworden. Heute nun war es ein strahlend heller Stern, der einen leuchtenden Schwanz hinter sich herzog. Hübsch anzusehen, wie eine Katze im Sprung.

Joseph, voll des roten Weines, schnarchte bei dem Feuer der Hirten im Felde, als die Wehmutter ihn unsanft rüttelte und ihn davon in Kenntnis setzte, ihm sei ein Sohn geboren. Kaum hatte er die Augen auf, blökte der Alte los: »Ein Wunder ist geschehen.«

»Ja, ja!« stimmte ihm die Wehmutter mit mitleidigem Grinsen zu. »Die Jungfrau Miriam hat einen Sohn geboren, und ein Schweifstern steht über dem Stall, um dieses Wunder zu beleuchten. Steh auf, Joseph. Du wirst finden das Kind in Windeln gewickelt und in einer Krippe liegend.«

Die Hirten ließen noch einmal den Weinschlauch kreisen und begleiteten dann johlend den Kindsvater zu Miriam. Ich hielt mich zurück. Trunkene Menschen sind noch unzuverlässiger als nüchterne. Auch Xanthina hatte sich hoch oben auf den Balken zurückgezogen und zischte leise: »Das Menschenjunge stinkt mir!«

Mir nicht, aber das durchdringende Geräusch gefiel mir ebenso wenig wie Milchgeruch der elenden Schlange:

Meine beiden Kleinen waren wach geworden und maunzten unwillig. Ich hatte alle Pfoten voll zu tun, sie zu beruhigen.

Auch die Wehmutter und ihre Schwester hatten sich nach getaner Arbeit über die Weinschläuche hergemacht, und dabei verplapperte Salome sich in Anwesenheit der Hirten und Josephs, der sich mal wieder über Engel und die göttliche Zeugung ausließ.

»Schön, wenn ein Mann einen festen Glauben hat!« kicherte sie ein bißchen beschwipst. »Hast wohl ganz fest die Augen zugemacht, als du das Kind gezeugt hast.«

»Ich bin meinem Weib nie zu nahe getreten! Ich habe ihre Keuschheit immer in Ehren gehalten!« begehrte der alte Zausel auf. Verständlich, jede andere Behauptung hätte ja das heraufbeschworene Wunder in Frage gestellt. Dummerweise hatte Salome das nicht verstanden und kicherte hinter vorgehaltener Hand: »Aber Miriam war doch gar keine Jungfrau mehr!«

Miriam sandte ihr einen Blick zu, der an Giftigkeit Xanthinas würdig war, und die Wehmutter bohrte Salome den Ellenbogen in die Rippen und empörte sich: »Wie kannst du so etwas behaupten, Schwester!« Dabei zwinkerte sie für Joseph und die Hirten nicht erkennbar mit einem Auge. Darum besann sich Salome glücklicherweise – auch bei den Menschen scheinen Frauen in diesen Dingen zusammenzuhalten – und ließ sich eine kleine Scharade einfallen. Sie bat Miriam, sie untersuchen zu dürfen. Diese fügte sich willig in das Begehren der ungläubigen Salome. Als sie aber Miriams Leib anrührte, da erhob sie ein gewaltiges Geheul und schrie: »Wehe, wehe mir meiner Gottlosigkeit wegen und um meines großen Unglaubens willen! Meine Hand verbrennt im Feuer des göttlichen Zornes über mich Elende!«

Sie hielt sich die Hand und hüpfte mit schmerzverzerrtem Gesicht auf einem Fuß herum, bis Miriam ihr das Kind zum Halten gab. Und siehe, sie war geheilt.

Na ja …

Es dauerte lange, bis in dieser Nacht Stille eingekehrt war, aber schließlich waren die halbtrunkenen Hirten gegangen, inzwischen voll und ganz davon überzeugt, an einem Wunder teilgehabt zu haben. Darum kam am nächsten Tag allerlei Volks vorbei, um das Kindlein zu bestaunen. Joseph, aufgeplustert vor Stolz über die Leistung, die in keiner Weise die seine war, erzählte in immer farbigeren Wendungen seine Geschichte.

Es brachte ihnen nicht nur Staunen und Bewunderung ein, sondern auch einiges an Geschenken und Gaben. Vor allem Futter. Womit sich Joseph denn doch als Ernährer und Versorger qualifizierte.

Ich staunte nicht schlecht.

Das Kind hingegen blieb von alledem ungerührt. Es plärrte und schlief und nuckelte und plärrte. Miriam summte ihm etwas vor, eine menschliche Nachahmung beruhigenden Schnurrens, wollte mir scheinen, und wiegte es in ihren Armen.

Ich kümmerte mich ebenfalls nur um meine Kinder, denn Alef und Gimel hatten die Augen geöffnet und besichtigten die Welt um sich herum. Von Xanthina war nichts zu sehen. Ich erklärte den Kleinen, wovor sie sich in acht nehmen mußten, und imitierte auch das Zischen der elenden Schlange.

In der Dämmerung zog ich mit Joseph wieder auf die Weiden – ich zum Mausen, er zum Saufen. Der Stern hatte seine dekorative Position nicht verändert, und die wolkenlose Nacht war kühl. Darum schlenderte ich, weil die Feuer mir nicht geheuer waren, alsbald wieder in den warmen Stall zurück. Etwas verdutzt beobachtete ich, wie sich ein hochgewachsener Mann, der seinen Umhang über den Kopf gezogen hatte, lautlos wie auf Katzenpfoten der Behausung näherte. Noch ein Bewunderer der Jungfrau Miriam und ihres Sohnes?

Offensichtlich.

Er kniete neben der schlummernden Frau nieder und strich ihr leicht über die Haare. Schöne Haare hatte sie tatsächlich, rötlich golden, lang und schimmernd wie Seide.

Seine Haare waren schwarz, lockig und kurzgeschnitten. Kein grauer Zausel wie Joseph, sondern ein kräftiger junger Mann, der die rote Tunika der Römer trug. Die hatte ich bisher nur von weitem gesehen. Eine höchst seltsame Untergattung Mensch – gleich gekleidet, in gleichförmigen Bewegungen, ganz wie eine Schar Vögel, die in einem Schwarm über ein Kornfeld herfielen. Aber offensichtlich gab es auch Einzelgänger unter ihnen.

Miriam schlug die Augen auf, und wieder ließ dieses liebliche Lächeln ihre Züge erstrahlen.

»Cornelius!« flüsterte sie.

»Ich habe einige Zeit gebraucht, um herauszufinden, wo er dich hingebracht hat. Etwas Besseres hat er dir nicht zu bieten?«

»Ach, laß nur, es war alles überfüllt. Es geht schon, die Leute hier sind sehr freundlich und großzügig!«

Cornelius schleckte Miriams Gesicht ab, und sie schnurrte. Dann lachte er leise auf.

»Kein Wunder, daß sie großzügig sind. Schließlich hast du ein Wunder vollbracht.«

»Es liegt dort in der Krippe!«

Cornelius betrachtete das winzige Kind und nickte.

»Er erkennt es als das seine an. Das ist gut. Vorerst, Miriam. Ich hoffe nur, daß sein überschwengliches Gerede dir keinen Ärger bereiten wird. Die Leute bauschen solche Neuigkeiten gerne auf.«

»Sie werden auch wieder über etwas anderes reden. Und sobald ich wieder reisen kann, kehren wir heim. Dort weiß man, was für ein Schwätzer er ist. Die Volkszählung wird ja nicht endlos lange dauern.«

»Ein paar Tage wohl doch, wir haben hier in Bethlehem noch nicht alle erfaßt. Liebste, ich muß gehen. Aber ich werde immer in deiner Nähe sein und über dich und das Kind wachen.«

Er verschwand ebenso lautlos, wie er gekommen war. Ich schaute nach meinen Kindern und mußte Gimel mit festem Griff aus dem Fell des schlafenden Schafes klauben, wohin sie ihren ersten Ausflug unternommen hatte. Es würde eine rechte Last mit den Kindern werden, jetzt, wo sie die Welt erobern wollten.

Miriam beobachtete mich dabei.

»Danke, daß du mir die Krippe überlassen hast«, sagte sie und streckte ihre Hand aus. Ich näherte mich ihr langsam und ließ mich ein wenig kraulen. Auch eine erwachsene Katze findet Gefallen an ein wenig Zärtlichkeit.

Beschaulich konnte man das Leben in den nächsten Tagen wahrlich nicht nennen. Am liebsten hätte ich mir einen anderen Unterschlupf gesucht. Aber da waren eben die Kleinen, und die wollte ich nicht so weit fortschleppen. Immerhin hatte sich Xanthina an ihr Versprechen gehalten und sie nicht weiter hungrig beäugt. Die elende Schlange war überhaupt recht unsichtbar in der letzten Zeit. Ich sah ihre goldenen Augen einmal hoch oben hinter einem Holzbalken hervorleuchten und brachte ihr, als Zeichen meines guten Willens, eine fangfrische Maus vorbei.

»Schreckliche Jahreszeit!« zischelte sie und bewegte sich langsam. »Zu kalt in der Nacht. Wird man ganz steif und starr!«

Ich verriet ihr nicht, daß es unten bei den Menschen ganz angenehm war, weil sie Kohlepfannen aufgestellt hatten, in denen rote Glut ihre Wärme verbreitete.

»Und dieser Gestank! Er raubt mir den Schlaf!«

»Was stinkt dir?«

»Das Kind. Die Windeln. Die Milch!«

Ah, na ja – Schlangen haben einen noch ausgeprägteren Geruchssinn als Katzen, und die Windeln beleidigten auch meine Nase. Aber nicht so sehr.

»Mich stört mehr das Geplärre«, erklärte ich. Das Kind hatte gute Lungen. Mit dieser Stimme würde es sich bestimmt später einmal überall durchsetzen können. Menschen mußten ja immer laut herumtönen, wenn sie etwas zu verkünden hatten, das ihnen wichtig erschien. Katzen haben da andere Methoden. Außerdem verkünden wir nichts.

»Ich könnte der Krippe mal einen Besuch abstatten«, schlug Xanthina mit einem hinterhältigen Grinsen vor und klickte ihre Giftzähne nach vorne.

»Der Happen ist zu groß für dich«, beschied ich ihr trocken.

»Muß es ja nicht auffressen. Obwohl so ein haarloses Menschenkind ganz appetitlich wirkt. Ist bestimmt schön zart. Aber eine kleine Giftspritze würde es schon zum Schweigen bringen.«

»Wahrscheinlich würde es anschließend für immer schweigen.«

»Tja, ich kann's nicht immer genau dosieren. Wenn die Wut mit mir durchgeht ...«

Xanthinas Augen schillerten boshaft. Mir gefiel das nicht, und ich wandte ein: »Ich weiß nicht, ob das der richtige Weg ist. Ich töte nur, wenn ich Hunger habe.«

»Du tötest auch in Notwehr!«

»Wohl wahr. Aber dieses kleine Balg tut mir nichts zuleide. Außer daß es mir auf die Nerven geht, wenn es so laut herumkreischt.«

Xanthina schlängelte sich aus ihrem Versteck und wickelte sich um den Balken, um einen besseren Blick nach unten zu haben. Dabei züngelte sie verhalten, weil ihre Zunge ja den Geruch aufnahm.

»Und diese Frau hat mich auch schon einmal mit dem Knüppel bedroht!« giftete sie dann los.

»Sie hat meine Kinder vor dir beschützt, weshalb ich ihr nicht grolle«, gab ich der elenden Schlange mit einem Fauchen zurück.

Dann kamen neue Besucher, und ich eilte zu meinem Lager, um die Kleinen einzusammeln. Ein munteres Völkchen fand sich ein. Erst waren es nur die Hirten gewesen und ein paar Frauen aus dem Dorf, offensichtlich Bekannte der Wehmutter. Sie hatten geplaudert und das Kind angeschaut, Kuchen gegessen und Miriam mit vielen guten Ratschlägen versehen. Aber jetzt war es anders geworden. Die Leute, die sich nun im Stall einfanden, kamen von weiter her. Sie trafen auf Eseln und auf Maultieren ein, manche in Karren und Wagen, und sie schauten das Junge nicht nur an, sondern bestaunten es lauthals. Obwohl die meisten anschließend ein wenig enttäuscht schienen. Ganz offensichtlich hatte Josephs Geschwätz von dem Wunderkind die Runde gemacht, und sie erwarteten wohl irgendeine Mißgeburt mit zwei Köpfen oder einem Pferdefuß. Aber sie waren gutmütig, und da alle auch irgend etwas Köstliches zu essen dabeihatten, herrschte allenthalben Feierstimmung im Stall.

Einer der Höhepunkte, so schien es, war das Auftauchen einer Uralten, die sie Hannah nannten und die angeblich in einem Tempel hauste. Sie hatte den Ruf, die Zukunft vorhersagen zu können, was ein ziemlicher

Unfug ist. Menschen können das nicht. Dazu fehlen ihnen bestimmte Sinne. Die Katzen beispielsweise besitzen.

Aber selten nutzen.

Jedenfalls diese Uralte tat sich wichtig und kniete mit heuchlerischer Demut vor der Krippe nieder, um etwas von den Heldentaten des Neugeborenen zu murmeln, die es dereinst vollbringen werde. Das übliche Zeug, was Menscheneltern gerne hören. Ein Dutzend guter Freunde, eine Reise über das Wasser, eine Hochzeit in Kanaan, großzügige Gastfreundschaft, Bewunderung durch die Massen, und so weiter und so weiter. Von Versuchung, Verrat und Leid war natürlich nicht die Rede. Joseph hörte mit glänzenden Augen zu und sah sich bereits als Vater eines berühmten Sohnes, Miriam hingegen hatte tiefste Skepsis in den Augen. Frauen wissen eben mehr.

Katzen auch.

Sogar die Viper, die die Vorführung von oben herab beobachtete, grinste breit und höhnisch.

Immerhin, für Hannah hatte sich der Ausflug gelohnt, der gutgläubige Joseph schmierte ihr reichlich die Hände und geleitete sie mit vielen Dankesbezeugungen nach draußen.

Alef und Gimel erhielten von mir eine passende Lektion über die Naivität der Menschen, und ich wies sie mit einigen einfachen Übungen in die Schwingungslehre ein. Unsere Schnurrhaare sind ja nicht nur schmückendes Beiwerk, auch wenn sie natürlich außerordentlich dekorativ wirken. Mit ihnen können wir Vibrationen der Atmosphäre wahrnehmen, die solch stumpfen Geschöpfen wie den Menschen verborgen bleiben. Ich hegte im übrigen den Verdacht, daß die Vipernzunge einem ähnlichen Zweck diente, und fragte mich, ob ich diesbezüglich Xanthina einmal aushorchen solle.

Ich kam nicht dazu, denn die elende Schlange sorgte als nächstes für Aufregung. Ich meine, ganz unverständlich war ihre Reaktion nicht. Es hatten sich drei Tage später wieder etliche Anbeter eingefunden – so mußte man die Tröpfe wohl nennen, die, von der Vorstellung getrieben, es werden Wunderheilungen im Stall von Miriams Jungen vollbracht – in Scharen herbeieilten. Nur weil irgendein gichtgeplagter Töpfergeselle, dem das Kind auf das geschwollene Knie gepinkelt hatte, anschließend angeblich schmerzfrei um die Krippe tanzte. Kurz und gut, Josephs Geschichten hatten neue Nahrung gefunden, und man kam auch aus den umliegenden Orten angepilgert. Einer der Besucher zerrte sein Maultier mit in den Stall, was dem grämlichen Esel so überhaupt nicht gefallen wollte. Es gab eine Keilerei, bei der Xanthina, die auf der Suche nach einer Maus durch das Stroh geglitten war, beinahe von einem Huf getroffen wurde. Sie schoß wie ein Blitz hoch und schlug ihre langen, spitzen Zähne in das Vorderbein des Maultiers. Das schrie grauenvoll auf und begann vor Schmerz nur noch mehr zu toben. Ich brachte Alef und Gimel so schnell wie möglich in Sicherheit, und auch Miriam zerrte das Kind aus der Krippe und drückte sich ängstlich an die Wand. Ein paar Männer versuchten, das Maultier zu beruhigen, und es gab etliche Prellungen und Platzwunden. Dann brach das arme Vieh plötzlich zusammen, röchelte noch ein paarmal und hauchte seine aufsässige Seele aus.

Soviel zu der Dosierung ihres Giftes, wenn Xanthina in Wut geriet.

Ich belehrte meine Kinder am lebenden – oder besser toten – Objekt über seine Wirkung. Sie versprachen mir, tief beeindruckt, keinen Umgang mit Vipern und Nattern zu pflegen.

Übrigens versagte die Heilkraft des Wunderkindes an dieser Stelle, aber das schien niemand zu bemerken. Hätte das sabbernde Junge das Maultier wieder zum Leben erweckt, hätte es sogar mich überzeugt. Aber da es eben nur ein ganz normaler Welpe war, nuckelte er lediglich zufrieden an Miriams Brust und würdigte den Kadaver keines Blickes. Immerhin fand der Besitzer des Maultiers die Bißwunden am Bein und hängte wenigstens dessen plötzlichen Tod nicht dem Kleinen an. Aber anschließend gingen alle, die im Stall zu Gast waren, auf Schlangenfang und durchstöberten Heu und Stroh und brachten dabei mein Lager in Unordnung. Xanthina aber blieb verschwunden.

Ich sah sie erst wieder, als die Karawane eintraf. Das war vier Tage später. Nach einer ergiebigen Jagd, die mich weiter in die Felder geführt hatte, war ich mit vollem Bauch auf dem Rückweg. Ich mußte mein Revier vergrößern, weil dieses ständige Kommen und Gehen die Mäuse in der Nähe des Stalls vertrieben hatte. Und die im Stall selbst mußten noch etwas geschont werden, denn an ihnen wollte ich ja meinen Kindern das Mausen beibringen. Außerdem hatte Xanthina einen berechtigten Anteil an ihnen. Sie war allerdings wirklich genügsam.

Also, ich kam von meiner Runde zurück und fand ein gar prunkvolles Aufgebot an Tieren und Menschen vor dem Stall lagern. Einige waren dabei, bunte Zelte aufzubauen, andere führten Kamele auf die Weide, errichteten Feuerstellen und schöpften Wasser aus dem Brunnen. Drei aufgetakelte Gestalten in golddurchwirkten Kleidern und juwelenfunkelnden Turbanen schlenderten, angeregt miteinander disputierend, auf den Stall zu. Wie sich zeigte, waren es sternenkundige Magi aus Persien, denen der Schweifstern, der jetzt allmählich verblaßte, keine Ruhe gelassen hatte. Sie hatten auf ihre schlichte menschliche Art versucht, der Erscheinung eine Bedeutung abzuluchsen, und dabei war ihnen wohl Josephs dummes

Gewäsch zu Ohren gekommen. In der Erwartung, ein Wunderkind vorzufinden, hatten sie offensichtlich einiges an Geschenken mitgebracht. Weihrauch und Gold und ein Kästchen teurer Gewürze überreichten sie Miriam mit vielen scheinheiligen Komplimenten. Die hatte inzwischen eine gönnerhafte Pose einstudiert und zeigte den Männern, einer davon schwarz wie Ruß, das Kindlein vor. Sie taten auch zu dem kleinen Plärrer freundlich und gurrten und sagten »Eieiei!«, aber mir fielen ihre harten Augen auf, die alles ganz genau musterten. Sie ließen sich ebenfalls von dem begeisterten Joseph noch einmal seine phantastische Geschichte erzählen, und auch dabei tauschten sie verstohlene Blicke aus. Aber sie nickten zustimmend zu allem, was er sagte, und bestätigten ihm auch, daß der Schweifstern durchaus als ein Zeichen für göttliches Wirken gedeutet werden könne. Das war Wasser auf Josephs Mühlen! Er beschwor die Engel vom Himmel und brüstete sich mit den Worten der Wahrsagerin aus dem Tempel und den Heilungserfolgen bei Salome und dem gichtigen Töpfergesellen sowie der Bewunderung durch die Dorfoberen.

»Sssssie glauben ihm nicht!« zischelte es hinter mir.

»Nein, sie glauben ihm nicht. Aber sie tun so, und was sie hören, gefällt ihnen nicht.«

»Deine Miriam hat sich da in etwas reingeritten! Sie sollte aufpassen.«

Auch wenn ich selten mit einer elenden Schlange einer Meinung war, hier mußte ich zustimmen. Menschen haben ihr Sozialleben strikt hierarchisch organisiert, und wenn Vertreter der Oberen auf jemanden aus dem einfachen Volk aufmerksam wurden, dann war Vorsicht geboten. Ehrlich gesagt, ich hätte auch keinen Spaß daran, wenn ein Löwe mir zuviel Interesse entgegenbrächte.

Als die drei aufgeputzten Wichtigtuer den Stall verließen, schlich ich mich vorsichtig hinter ihnen her, um zu hören, was sie untereinander zu tuscheln hatten.

»Sie hat ihm einen Bankert untergeschoben, das ist wohl klar!« sagte der eine.

»Sicher, und dem Alten gefällt die Vorstellung von dem Wunder so sehr, daß er inzwischen fest daran glaubt. Diese Juden warten doch immer auf ihren König, der ihnen das Heil bringen soll. Solches Gebaren fördert diesen Irrglauben und ist die Wurzel allen Aufruhrs.«

»Recht hast du, Balthazar. Man muß ein Auge darauf haben. Und das Übel so bald wie möglich mit der Wurzel ausrotten! Der Komet ist, wie erwartet, ein Unglücksbote!«

»Berichten wir dem König darüber?«

Der Vorhang vor dem Zelt fiel zu, und ich hastete zurück in den Stall. Hier war Joseph mit verklärter Miene dabei, die Goldstücke zu zählen, die die Besucher dagelassen hatten. Miriam stillte das Kind und sah dabei ebenfalls verklärt aus. Weihrauch und Gewürze lagen unbeachtet neben ihr. Ich hatte den Eindruck, derartige Dinge bedeuteten ihr nicht sehr viel.

»Ich reite ins Dorf!« verkündete Joseph und steckte sich einige Münzen in die Tasche an seinem Gürtel. »Du hast doch hier alles, was du brauchst, meine Liebe?«

Miriam nickte, und er schwang sich auf den grämlichen Esel, der sich protestierend in Bewegung setzte. Sie wickelte das Kind neu und legte es wieder in die Krippe.

Ich sah ebenfalls nach meinen Kleinen, die sich vor Fremden immer recht artig versteckt hielten. Nach erfüllten Mutterpflichten kuschelte ich noch ein bißchen mit ihnen, lugte dann aber über den Rand meiner Kuhle, um zu sehen, was die Frau so trieb. Sie hatte eine Lampe angezündet und stichelte an einem Stück Stoff herum. Menschen brauchen ja Wechselfelle, die sie selbst herstellen müssen, die armen Gestalten. Zufrieden über meinen graubraunen, unauffälligen Pelz, bürstete ich ihn einmal kräftig durch und überlegte mir dann, ob ich ihr nicht etwas Gesellschaft leisten sollte. Sie hatte eine nette Art, mich zu streicheln, und eine hübsche Stimme.

Mit einem Lächeln hieß sie mich willkommen, als ich mich an ihre Seite setzte.

»Na, meine Schöne, hast du deine Kinder schlafen geschickt?« Sie legte ihre Handarbeit in den Korb und kraulte mich sanft zwischen den Ohren, was mir ein Schnurren entlockte. »Heute abend ist endlich mal ein wenig Ruhe im Stall, nicht wahr? Mein Alter zockelt sicher durch die Schenken im Dorf und wird das Geld für roten Wein ausgeben. Na, soll er doch. Andere Freuden kennt er ja nicht mehr!«

Ich schmiegte meinen Kopf in ihre Hand, damit sie weiter kraulte. Das tat sie auch. Und hing ihren Gedanken nach. Seltsam, wenn sie mit anderen Menschen zusammen war, verhielt sie sich meist schweigsam. Sie hörte geduldig zu, lächelte ihr schönes Lächeln, gab manchmal zustimmende Laute von sich oder schüttelte betrübt den Kopf. Demzufolge redeten die anderen um so mehr. Sie breiteten ihr kärgliches Leben vor ihr aus, beklagten ihre Kümmernisse und ihr Leid, gestanden ihr ihre heimlichen Hoffungen und Wünsche, und manchmal berichteten sie sogar schamvoll von ihren Verfehlungen und Irrungen. Ich hatte mit Erstaunen festgestellt, daß die Mehrzahl glücklich darüber war und sie anschließend getröstet oder aufgemuntert, besänftigt oder beruhigt verließen. Das mochte mehr Besucher anziehen als Josephs Sensationsmeldungen. Jetzt aber, in der Stille des Abends, hatte Miriam das Bedürfnis zu reden, und so rollte ich mich unter ihrer milden Hand zusammen und schenkte ihr meine ungeteilte Aufmerksamkeit.

»Ich habe Heimweh, Kätzchen. Wir sind jetzt schon seit zwei Monaten von zu Hause fort. Wer weiß, wie lange wir noch hierbleiben müssen. Dabei würde ich meiner Mutter Anne so gerne den Kleinen zeigen. Sie hat sich sehr gefreut, als ich schwanger wurde. Und sie hat sich große Sorgen gemacht, als wir uns in meinem neunten Monat auf diese Reise machen mußten.« Miriam lachte leise. »Sie ist eine verständnisvolle Mutter, doch, wirklich. Schon als ich klein war, hat sie mir das Lesen und Schreiben beigebracht, ist mit mir in den Tempel gegangen, hat sich um adrette Gewänder gekümmert. Ich denke, sie hatte vor, mich mit einem hübschen jungen Mann zu verheiraten, denn sie war gar nicht glücklich darüber, als mein Vater mich dem alten Zimmermann anverlobt hat. Ich glaube, sie ahnt auch die Wahrheit über den Vater des Kindes. Na, bislang ist ja alles gut gegangen, und wenn wir wieder daheim sind, wird sich die Aufregung bestimmt legen. Der Junge jedenfalls ist niedlich, findest du nicht auch, kleine Katze?«

Ich teilte nicht gänzlich ihre Meinung, denn er plärrte doch recht durchdringend und häufig. Aber Mütter sind nun mal Mütter, und ich hielt meine Kinder auch für die schönsten der Welt. Darum umfaßte ich ihre Streichelhand mit meinen Vorderpfoten und knabberte ein wenig daran. Sie belohnte das mit einem überaus genußvollen Kneten meines Bauches. Ich wälzte mich in Ekstase.

Aber dann hörte sie auf und starrte in das flackernde Licht der Lampe.

»Ich wünschte, er käme wieder einmal her«, flüsterte sie. Dann schwieg sie eine lange Weile, und eine verträumte Sehnsucht malte sich auf ihren Zügen. Ich lauschte dem Knistern im Heu und dem Rascheln des Strohs, dem unablässigen Kauen des trägen Ochsens und dem trockenen Wispern, das Xanthinas schuppige Haut auf dem Holzbalken verursachte, um den sie sich wieder wickelte, um uns zu beobachten.

Plötzlich stand Miriam auf und beugte sich über die Krippe.

»Er sieht ihm schon jetzt ein bißchen ähnlich. Ich denke, er wird einmal ein kräftiger, großer Junge.«

Sie strich dem schlafenden Kind über die Wange und summte vor sich hin. Das war eines der Geräusche, die ich sehr mochte. Ich hatte eine hübsche Idee, als ich ihr so lauschte. Leise stand ich auf und ging zu meinem Lager. Alef und Gimel hatten sich Schwanz an Nase und Nase an Schwanz umeinandergerollt und schliefen. Ich nahm Alef im Nacken und trug ihn zur Krippe. Fragend hob ich meine Augen zu Miriam.

»Oh, eines deiner Kinder?«

Mit vollem Mund maunzte ich leicht. Dann stellte ich mich auf die Hinterbeine und stützte mich am Rand der Krippe ab. Noch immer machte sie keine abwehrende Bewegung, und so ließ ich den Kleinen auf das weiche Tuch gleiten.

»Du suchst ein warmes, weiches Lager für sie, richtig?«

Kluge Frau!

Ich holte auch Gimel, die im Schlaf ein bißchen wimmerte, aber gleich wieder ruhig wurde, als sie bei ihrem Brüderchen landete. Dann setzte ich mich auf den Rand der Krippe und schnurrte.

Miriam lachte und streichelte auch die beiden Kleinen. Dann sang sie uns allen zärtliche Lieder vor. Ach ja, es war ein schöner Abend. Und ich überhörte geflissentlich das Zischeln vom oberen Dachbalken, das sich abfällig mit dem Gesellschaftsleben der Warmblüter beschäftigte.

Später teilten Miriam und ich uns ein Stück von dem gebratenen Hühnchen, das man ihr an diesem Tag zusammen mit frischem Brot, einem Topf Oliven, einem Körbchen Datteln und einem Krug Milch vorbeigebracht hatte. Das nenne ich wahre Gastfreundschaft.

Anschließend rollte ich mich in Miriams Armbeuge zusammen, und wir beide versanken in einen höchst angenehmen Schlummer.

Joseph kam zurück, lange nachdem die Mitte der Nacht vorüber war. Er roch nach schalem Wein und stark mit Knoblauch gewürztem Essen, rülpste und schob dem grämlichen Esel noch ein wenig Heu zu. Danach näherte er sich unserem Lager. Ich war noch vollkommen schlaftrunken, weshalb ich die Situation nicht schnell genug erfaßte. Joseph nämlich warf einen leicht unsteten Blick in die Krippe und polterte Miriam an. Die schreckte hellwach auf und konnte durch ihren Aufschrei gerade noch verhindern, daß er Alef mit Schwung gegen die Stallwand warf.

Mir wäre beinahe das Herz stehengeblieben. Fauchend und spuckend fuhr ich auf den alten Zausel zu, bereit, ihm die mageren Waden in Streifen von den Knochen zu ziehen. Aber meine Menschenfreundin hatte bereits zugegriffen und ihm mein Kind aus den Händen gerissen. Dabei lernte ich eine wahre Wesensverwandtschaft kennen. Sie keifte ihn genauso wütend an, wie ich gefaucht hatte, und schien ebenfalls willens, ihm ihre Krallen in den altersschwachen Leib zu schlagen. Empört wich er vor ihr zurück und stammelte etwas von Viehzeug, das nichts in der Krippe seines kostbaren Sohnes zu suchen hatte. Er warnte sie vor verflohten Pelzen und Ungeziefer.

Sie geiferte zurück, zwei saubere Kätzchen wären einem nach Wein stinkenden Saufaus mit schmutzigen

Fingernägeln und fettverschmierten Bartsträhnen bei weitem vorzuziehen. Er solle also die Hände von ihrem Kind lassen und sich gefälligst am Brunnen ein paar Eimer Wasser über den Kopf gießen.

Auch ohne diese häßliche Maßnahme machte der Alte einen reichlich begossenen Eindruck, als sie mit ihrer Tirade fertig war. Und oben unter dem Dach kicherte Xanthina beifällig.

Joseph schlurfte hinaus, und wir hörten Wasser plätschern. Ich entfernte die Kleinen vorsichtshalber aus der Krippe und trug sie zu meinem Strohlager zurück. Hier blieb ich auch, obwohl ich Xanthina, die schamlos grinsend herbeischlängelte, die ausgefahrenen Krallen zeigen mußte, weil sie schon wieder so einen hungrigen Blick in ihren hinterhältigen Vipernaugen hatte.

»Ksss, ksss, ksss!« kommentierte sie die Szene, die sich uns eben geboten hatte. »Ist schon gefährlich, das Leben von solch hilflosen Jungen!«

»Das Leben von elenden Schlangen ist auch nicht ohne Gefahren!« gab ich ihr zu verstehen und zog ihr blitzschnell eins mit der Tatze über den Kopf. Ohne Kralle, weshalb sie die Giftzähne nicht vorklappte.

Wir verstanden uns. Hätte ich gewollt, wie ich gekonnt hätte, wäre jetzt nicht nur ihre Zunge gespalten. Ehrlicherweise muß ich zugeben – hätte sie gewollt, wie sie konnte …

Man könnte unser Verhältnis am besten als bewaffneten Frieden bezeichnen.

Immerhin hatte sie sich ein Stückchen zurückgezogen und blickte züngelnd zu den Menschen hin. Joseph, mit triefend nassem Bart und Haaren, war das kalte Bad offensichtlich bekommen. Er hielt sich etwas gerader, und seine Augen blickten auch nicht mehr so verschwommen. Er entschuldigte sich bei seinem Weib, die ihn noch immer mit kalten Blicken musterte, während sie ihm ein Tuch zum Abtrocknen reichte.

»Ich habe jemanden gefunden, der uns eine gute Summe für den Weihrauch zahlt«, fügte er begütigend hinzu. »Und die Gewürze können wir auch zu Geld machen!«

»Ach ja. Und du versäufst es anschließend in den Schenken!« giftete sie ihn an.

»Aber nein, Miriam, nein. Ich will dir ein schönes Kleid kaufen. Blau, Miriam, wie der Himmel. Und einen gefütterten Umhang. Du wirst aussehen wie eine Königin, wenn wir heimkehren.«

Die Vorstellung schien sie ein wenig zu besänftigen.

»Außerdem soll ich dir Grüße ausrichten, Miriam, von der Wehmutter, die ich mit dem Geld bezahlt habe, das wir heute bekommen haben. Und von Salome. Auch der Hauptmann Cornelius schickt dir seine Grüße. Ich habe ihn getroffen, denn er wohnt bei der Wehmutter. Er läßt anfragen, wie es dir geht.«

Nun war Miriams Gesicht wieder gänzlich sanft geworden.

»Ssso, ssso!« zischelte Xanthina. »Der Hauptmann Cornelius also!«

Joseph bemerkte es hingegen nicht, sondern tratschte weiter. Welche Hochachtung Miriam genösse und wie glücklich man im Dorf sei, daß sie gerade hier ihr Kind bekommen habe, und wie schön und gut und bescheiden sie sei.

»Schön und gut, Joseph, aber hast du auch herausgefunden, wann die Volkszählung endlich abgeschlossen ist. Ich möchte heim zu meiner Familie.«

»Ach, das wird noch dauern, fürchte ich. Täglich treffen mehr Leute ein, die hier geboren sind. Aber mach dir keine Sorgen, wir sind hier sicher.«

Miriam seufzte, zog das Deckchen über der Krippe zurecht und kuschelte sich wieder in ihr Lager. Joseph blies die Lampe aus.

»Das riecht nach Ärger!« bemerkte Xanthina, nachdem sie ihre Zunge zurückgezogen hatte. Mein Verdacht war wohl richtig, sie benutzte sie, um das Ungesagte, Ungehörte wahrzunehmen. Meine Schurrhaare vibrierten auch vor zukünftigem Unheil. Und zwar nicht nur eines, das in naher Zukunft drohte, obwohl auch hier Ungemach lauerte.

Dennoch – in den nächsten Tagen wurde es etwas ruhiger, weniger Besucher kamen, Miriam war wieder zu Kräften gekommen und hatte ein paarmal mit dem Kind den Tempel aufgesucht. Es gab da wohl so menschliche Gepflogenheiten, die das notwendig machten.

Nach Einbruch der Dämmerung war Joseph jetzt regelmäßig unterwegs, und am dritten Abend tauchte der schwarzgelockte Römer wieder auf. Miriam freute sich unübersehbar. Aber der Mann hatte nicht nur Tändelei im Sinn. Nach dem ersten gegenseitigen Abschlecken wurde er ernst.

»Miriam, es gehen böse Gerüchte um. Joseph hat zu oft von dem Kind erzählt, das vom Heiligen Geist gezeugt worden sei, so daß sich eine ganze Reihe Leute einbilden, es müsse der Messias sein, den eure Propheten so eindringlich ankündigen.«

»Ach du liebes Bißchen!« seufzte Miriam. »Das habe ich nun wirklich nicht gewollt.«

Er kniete sich neben die Krippe und strich dem munteren Kind über die glatte Wange. Dann hielt er ihm einen der rotbackigen Äpfel hin, die er mitgebracht hatte. Der Kleine schielte begeistert danach und gurgelte freudig dabei.

»Ich weiß, Liebste, ich weiß. Aber dein Mann ist leider ein Trottel, der sich in der Aufmerksamkeit von anderen Trotteln sonnt.«

Ich hatte mich wieder neben Miriam gelegt, und sie hob mich auf ihren Schoß, um sich durch das Kraulen in meinem Fell zu beruhigen. Es wirkte, aber nicht so stark wie sonst. Ich fühlte ihre Nervosität.

»Soll ich ihm die Wahrheit sagen, Cornelius, damit er mit dem Geschwätz aufhört?«

»Er würde es nicht glauben, Miriam. Er hat sich selbst so in die Geschichte hineingesteigert, er hält sie für vollkommen wahr. Außerdem ...«

»Ja, außerdem steht auf Ehebruch die Todesstrafe.«

Traurig lehnte sie ihren Kopf an Cornelius' Schulter, und ich wäre beinahe von ihrem Schoß gerutscht.

»Wir werden eine andere Lösung finden. Vertrau mir, Miriam.«

»Natürlich!«

»Aber zunächst mußt du dich und das Kind in Sicherheit bringen. Ich habe nämlich noch schlimmere Nachrichten.«

Miriam packte mich fester.

»Was ist passiert?«

»Die Gerüchte über den neugeborenen König der Juden haben das Ohr des Herrschers erreicht. Ich vermute mal, diese aufgeputzten Perser haben dafür gesorgt. Er ist ein eitler, machtbesessener Mann, der keine Konkurrenz im eigenen Land duldet. Er hat mit unserem Kommandeur gesprochen und ihm befohlen, alle Kinder unter zwei Jahren zu töten.«

»Allmächtiger!« schrie Miriam auf, und auch ich kreischte, weil ihre Hand so fest zupackte.

»Wir haben noch ein paar Tage Zeit, aber nicht viele. Ich werde dafür sorgen, daß ihr morgen nacht nach

Ägypten aufbrechen könnt. Aber du mußt deinen Mann selbst davon überzeugen. Ich darf diese Warnung ja im Grunde nicht weitergeben.«

»Ja, ja, natürlich.«

»Miriam, du bist so jung und so schön. Und du hast ein so liebevolles Herz. Glaub mir, ich wünschte, es wäre leichter für dich.«

Miriam fingerte an ihrem Zopf herum und schwieg. Dann sagte sie gefaßt: »Ich werde den Engel wieder bemühen müssen. Wenn Joseph genug getrunken hat, kann ich ihm im Schlaf alles Mögliche einflüstern.«

Cornelius lachte kurz und verblüfft auf.

»Daher also die engelischen Botschaften. Ich hatte mich schon gefragt, wie er darauf gekommen ist.«

Sie hob entschuldigend die Schultern: »Er glaubt gerne an diese übernatürlichen Wesen. Es ist recht bequem für ihn, sich solch himmlischen Eingebungen zu beugen. Dann muß er sich nicht selbst entscheiden, was er tun soll.«

»Also gut, du sorgst dafür, daß ihr zum Aufbruch bereit seid, und ich bringe euch über die Grenze. Und nun, meine Liebste, muß ich fort.«

Während sie sich vor dem Stall voneinander verabschiedeten, umschlich ich nachdenklich die Krippe. Meine Schurrhaare bebten von Vorahnungen. Das leise Wispern von Schlangenhaut riß mich jedoch sofort wieder aus meinen Gedanken.

»Riecht nach großem Ärger«, hörte ich es zischeln.

»Ja, sie sind in Gefahr.«

»O nein, Mara, das meine ich nicht, und du weißt das auch ganz genau.«

Xanthina hatte recht, auch ich wußte, welch großes Ärgernis dräute. Wir mochten unterschiedliche Methoden haben, um die Entwicklungen vorherzusehen, aber der Schluß war ein und derselbe.

»Ich könnte es abwenden«, schlug Xanthina vor und schlängelte sich in die Krippe.

Das wäre in der Tat eine Lösung – schnell und endgültig.

»Sssssoll ich?« fragte sie und zeigte die Giftzähne. Ihre lidlosen Vipernaugen starrten mich fragend an.

Sollte sie?

Stimmte ich zu, trug ich Mitschuld an der Entwicklung der Zukunft.

Stimmte ich nicht zu – auch.

Xanthina starrte mich noch immer an. Ihre gespaltene Zunge bebte zwischen den tödlichen Zähnen.

Und dann stieß sie plötzlich den Kopf vor.

Ich stieß die Pfote vor.

Der Biß ging tief, das Gift verströmte sich – in den rotbackigen Apfel, der neben die Wade des Kindes gerollt war.

»Scheisssse!« zischte Xanthina wütend, als sie ihr Gebiß befreit hatte. »Alles Gift verspritzt!«

»Ich töte nur Nahrung«, erklärte ich ihr.

»Ich weiß. Aber du hättest an deine Nachkommen denken sollen. Sie, die seiner Lehre folgen werden, werden dich wie mich für Vertreter des Bösen halten und vernichten.«

Ich stimmte betrübt zu. Vielleicht hatte ich falsch gehandelt. Sacht rollte ich den Apfel unter meiner Pfote. Xanthina hingegen wiegte sich halb aufgerichtet langsam hin und her und schien mit sich zu ringen. Dann wandte sie sich mir zu und sah mich aus ihren geschlitzten, goldenen Augen eindringlich an.

»Gut, Mara. Dann ist es nun deine Verantwortung.«

»Wie das, Xanthina? Ich kann dieses Geschöpf zwar beißen, aber nicht töten.«

»Nein, aber du kannst verhindern, daß sie abreisen.«

»Wie sollte ich?«

»Weil ich dir ein Geheimnis verrate – der Apfel, den du mir vor die Zähne gerollt hast, ist voller Gift. Bring die Menschenfrau dazu, ihn zu essen. Dann wird sie für eine Weile deine Sprache verstehen. Überzeuge sie. Wenn sie hierbleibt, werden die Männer des Herrschers das Kind töten.«

Geschmeidig glitt die elende Schlange aus der Krippe und verschwand im Stroh.

Und ich saß da mit der Entscheidung am Hals.

Der Knabe neben mir aber schlief seinen unschuldigen Kinderschlaf.

Es war gar nicht so schwer, Miriam dazu zu bringen, den Apfel zu essen. Ein paar auffordernde Maunzer, ein Tapsen mit der Pfote, schon griff sie danach. Lächelnd, denn er war ein Geschenk ihres Cornelius'. Sie verspeiste ihn mit Genuß und setzte sich dann auf ihr Lager.

Ich gesellte mich zu ihr und wartete ab, bis das süße Gift seine Wirkung getan hatte.

»Miriam«, schnurrte ich, als sie mit verträumtem Blick an einem Hemdchen stichelte. »Miriam, erschrick bitte nicht!«

Sie tat es dennoch. Mit kugelrunden Augen starrte sie mich an.

»Es ist nur so lange möglich, wie das Mittel in dem Apfel wirkt. Aber es ist möglich!«

»Kätzchen?« krächzte sie heiser.

»Mara«, verbesserte ich sie. »Ich heiße Mara.«

»Die Bittere. Was für ein unpassender Name für so eine liebe Katze!«

Sie hatte sich wieder gefangen und staunte jetzt nur noch.

»Wenn diese Nacht zu Ende ist, wirst du wissen, wie passend er ist, Miriam.«

»Aber, aber … Du sagst, es liegt an einem Mittel in dem Apfel, daß ich dich verstehen kann?«

Ich erklärte es ihr. Entsetzen malte sich auf ihrem Gesicht, und sie stürzte zur Krippe, um sich zu überzeugen, daß ihr Kind gesund und friedlich atmete.

»Keine Angst, Xanthina hat jetzt für einige Zeit kein Gift mehr«, beruhigte ich sie. »Aber, Miriam, tu mir den Gefallen, und höre mir zu. Es ist wichtig, was ich dir zu sagen habe.«

Sie schüttelte noch immer verwirrt den Kopf, nahm aber wieder ihren Platz ein.

»Was hast du mir zu sagen, Mara?«

»Etwas über die Zukunft. Etwas über die Konsequenzen deines unbedachten Handelns.«

Sie seufzte.

»Ja, ich fange an zu verstehen, was ich angerichtet habe. Cornelius hat mich schon gewarnt. Ich habe das nicht gewollt, ehrlich.«

»Nein, das hast du nicht. Und hättest du es gewußt – hättest du anders gehandelt?«

»Bestimmt. Es hätte … andere Möglichkeiten gegeben. Diese schien nur die einfachste.«

»Ja, verständlich. Aber du wirst bei der nächsten Entscheidung, die du treffen mußt, mehr wissen.«

»Was meinst du damit?«

»Ob du nach Ägypten fliehst oder hierbleibst – das mußt du entscheiden.«

»Ja, aber … Wenn wir hierbleiben, wird man meinen Sohn töten.«

»Sicher. Aber wenn ihr flieht, wird euch der Ruf folgen, er sei der Messias. Miriam – es wird sein Leben bestimmen. Er wird nicht lange dein Sohn bleiben. Die Priester werden ihn in den Tempel holen und ihm Bildung und Glauben geben. Und er wird, weil er in dem Bewußtsein aufwächst, der erwartete Erlöser der Welt zu sein, gegen sie aufbegehren. Seine Freunde werden ihn darin bestärken, seine Anhänger ihn umjubeln. Und je größer die Schar seiner Bewunderer sein wird, desto haßerfüllter werden seine Feinde.«

Nachdenklich zerrupfte Miriam einige Strohhalme. Dann meinte sie leise: »Die Wahrsagerin hat ihm eine gute Zukunft vorhergesagt.« Sie sah mich zweifelnd an und warf die zerfetzten Halme fort. »Aber das tun sie immer, nicht wahr?«

»Das tun sie immer, denn, Miriam, die Wahrheit ist bitter!«

»Ja, Mara. Bitter.« Sie straffte sich. »Ich will versuchen, ihn zur Demut zu erziehen und ihm keine Flausen in den Kopf setzen. Ich werde mit Joseph sprechen. Ihm gestehen, wie es wirklich war.«

»Cornelius hat dich schon gewarnt – er will es nicht glauben.«

Miriam rieb sich mit den Fingern die Schläfen.

»Meine Schuld, meine Schuld …«

»Deine Unbedarftheit.«

»Was soll ich tun?«

»Hierbleiben.«

»Nein. Nein! Dann bringen sie ihn um! Es muß einen anderen Weg geben. Wenn er sich Feinde macht, dann werde ich ihm zur Seite stehen, wenn man ihn verhöhnt und angreift, werde ich mich vor ihn stellen, wenn man ihn anklagt, werde ich ihn verteidigen …«

»Wenn man ihn hinrichtet, Miriam, wirst du unter dem Kreuz stehen.«

»Mara!«

Der schmerzerfüllte Schrei gellte durch den Stall, und die weisen Vipernaugen leuchteten oben hinter dem Balken auf.

Miriam vergrub ihr Gesicht schluchzend in den Händen.

Ich blieb unbeweglich bei ihr sitzen. Leicht war meine Aufgabe wirklich nicht.

»Mara, das bittere Meer der Tränen!« flüsterte Miriam plötzlich leise.

»Ja, so nennt man mich«, bestätigte ich ihr.

»Ich werde es verhindern. Irgendwie werde ich es verhindern! Cornelius wird mir helfen, Joseph zu verlassen. Wir werden in einem anderen Land leben, wo sie nichts von einem Messias wissen.«

»Joseph wird dich und das Kind nicht gehen lassen. Oder er wird dich vielleicht gehen lassen, aber nicht das Kind! Miriam, bedenke auch – er wird eine Lehre begründen, deren Anhänger verfolgt und gemartert werden. Und weil Gewalt Gewalt hervorbringt, werden seine Anhänger jene verfolgen und vernichten, die seiner Lehre nicht glauben. Es wird jahrtausendelang in seinem Namen Blut vergossen werden.«

»Dann werde ich ihm seine Lehre ausreden, ihm verbieten, darüber zu sprechen.«

»Wie könntest du, Miriam? Sie entspringt doch deinem Herzen. Denn er wird ja verkünden, daß man seinen Nächsten lieben soll und seinen Feinden vergeben.«

»Aber das ist doch gut und richtig!«

»Eben.«

Hilflos sah sie mich an. Dann ging sie zur Krippe und betrachtete das rosige Kind. Auch Gimel und Alef hatten sich – Nase an Schwanz und Schwanz an Nase – wieder bei ihm zusammengerollt und gaben kleine, zufriedene Maunzer von sich.

Lange blieb sie so stehen.

»Mara!«

»Ja?«

»Auch du bist eine Mutter. Könntest du bleiben? Sie dem sicheren Tod ausliefern? Auch wenn es ihr Schicksal wäre, zu leiden und Leid zu verursachen?«

Ich sah hoch zum Balken und entdeckte Xanthina.

Die elende Schlange wandte ihre Augen ab.

»Nein!« flüsterte ich. Und eine seltsame Erleuchtung kam mir. »Es wird in seinem Namen auch viel Gutes getan. Und die Nacht, in der er geboren wurde, werden die Menschen als geweihte Nacht feiern.«

Aber weil Mara einst Miriam auch die bittere Wahrheit verraten hat, ist sie das einzige Tier, das in der Bibel keine Erwähnung findet.

Franziska Wulf
Möhren zum Fest

Von außen sah das Zoogeschäft alt und schäbig aus. Die grüne Farbe blätterte von der Fassade ab, und zwei Buchstaben aus der Leuchtschrift über der Tür waren herausgebrochen. Der Schriftzug schien noch aus den fünfziger Jahren zu stammen, einer Zeit, als das Haus neu war und das Geschäft gerade erst eröffnet worden war. Aber die Auslagen im Schaufenster waren liebevoll arrangiert – ein mit bunten, blinkenden Lichtern geschmückter Weihnachtsbaum aus Plastik stand in der Mitte. Anstelle der Christbaumkugeln hingen Katzenleckereien, Hundesnacks und Meisenknödel an seinen Plastikzweigen, und als Geschenke lagen mit großen Schleifen verzierte Katzenkörbe, Kauknochen und anderes Tierspielzeug darunter. Ich fühlte mich unwillkürlich an einen Weihnachtsbaum erinnert, den ich vor ein paar Jahren ähnlich geschmückt hatte. Allerdings hatte ich damals junge Möhren in Kerzenhalter gesteckt und Kaninchenleckereien an einem Bindfaden aufgefädelt, um sie in die Zweige hängen zu können. Für Sabrina.

Es ist nun schon einige Jahre her. Trotzdem erinnere ich mich noch genau an jede Einzelheit. Es begann an einem Freitag. Freitag, dem ersten Dezember.

Ich wachte an diesem Morgen erst ziemlich spät auf. Am Abend vorher hatte mein Chef mir auf unserer Weihnachtsfeier eröffnet, daß er mich »aufgrund meiner Verdienste« für eine Laufbahn als Fondsmanagerin unserer

Bank vorgeschlagen hatte. Diese Beförderung kam völlig unerwartet, und ich freute mich natürlich riesig. Die Weihnachtsfeier war ein voller Erfolg, und bis weit nach Mitternacht saßen wir alle zusammen. Wenigstens brauchte ich an diesem Freitag nicht zu arbeiten. Im Gegensatz zu meinen armen Kollegen, die heute trotz Schlafmangel und Kater antreten mußten, hatte ich frei.

Trotzdem fühlte ich mich wie gerädert. Und selbst nach einer ausgedehnten Dusche und einem starken Kaffee war ich immer noch nicht richtig wach. Müde, mit dröhnendem Kopf und einem seltsamen Gefühl im Bauch, zog ich mich an. Es war dieses Irgend-etwas-stimmt-nicht-Gefühl, die vage Befürchtung, etwas Wichtiges vergessen zu haben, oder die Ahnung eines drohenden Unheils. Ich versuchte, dieses Gefühl zu ignorieren, schaltete das Radio an und ging ins Wohnzimmer.

Nachdem ich mich fast zehn Jahre lang mit einer dunklen, kleinen Anderthalb-Zimmer-Wohnung beschieden hatte, kamen mir die lichtdurchfluteten achtzig Quadratmeter meiner Eigentumswohnung selbst nach einem Jahr immer noch ein bißchen wie ein Traum vor. Am meisten liebte ich die große Fensterfront mit der breiten Terrasse, die direkt zu der kleinen, zum Haus gehörenden Grünanlage führte. Ich stellte mich ans Fenster und sah hinaus.

Der Dezember ist in Hamburg selten das, was man als »Wintermärchen« bezeichnen könnte, und an diesem speziellen Freitag zeigte er sich wirklich von seiner übelsten Seite. Die ganze Welt da draußen bestand nur noch aus konturlosen, grauen Klecksen in so vielen unterschiedlichen Tönen und Abstufungen, daß ich es gewiß bewundert hätte, wenn der Gesamteindruck nicht so trostlos gewesen wäre. Der dichte, feuchtkalte Nebel schien direkt in meine Wohnung kriechen zu wollen, um mir die Stimmung endgültig zu vermiesen. Ich war deprimiert. Völlig grundlos natürlich. Ich war schließlich gerade erst befördert worden. Mit zweiunddreißig Jahren sollte ich, Kathrin Jahncke, Fondsmanagerin meiner Bank für ganz Hamburg werden. Ein Job, der mit sehr viel Verantwortung, viel Geld und einer umfangreichen Fortbildung in Berlin, Barcelona und New York verbunden war. Diese Beförderung war eine Ehre. Trotzdem wurde mir bei dem Gedanken daran übel. Aber warum?

Ich war glücklich, wirklich. Ich hatte einen gutbezahlten Job. Einen angenehmen Chef. Nette Kollegen, die sich aufrichtig mit mir über die Beförderung gefreut hatten – wenigstens die meisten von ihnen. Eine schöne Wohnung. Viele Freunde. Ich hatte erst vor kurzem mit meiner besten Freundin eine traumhafte Woche in New York verbracht. Ich war gesund. Millionen von Menschen auf der Welt ging es zweifellos schlechter als mir. Und trotzdem stand ich hier am Fenster und hätte am liebsten geheult. Kathrin Jahncke, die Macherin, die bald Fondsmanagerin werden sollte und die immer und überall für gute Laune und Stimmung sorgte, die jedes Problem in den Griff bekam und stets die besten Weihnachtsfeiern organisierte, war restlos deprimiert. Wenn mich meine Freunde und Kollegen so gesehen hätten, sie hätten mich wohl für eine schlechte Kopie gehalten.

Ich öffnete die Terrassentür, lehnte mich gegen den Rahmen und starrte auf den Rasen, während die feuchtkalte Luft mir ins Gesicht blies, als wollte sie auch noch den letzten Rest Fröhlichkeit aus mir vertreiben.

In einer Ecke der kleinen Grünfläche standen eine einsame Sandkiste und eine verwaiste Schaukel. Meine direkten Nachbarn, ein junges Ehepaar mit einem zweijährigen Sohn, waren vor kurzem ausgezogen. Sie erwarteten das zweite Kind und hatten deshalb ihre Zweieinhalb-

Zimmer-Wohnung gegen ein Reihenhaus am Stadtrand eingetauscht.

In meinem Bauch krampfte sich etwas zusammen. Und das war nicht die Schuld von Sekt und Rotwein am Abend zuvor. Das wußte ich ganz genau, ein Kater fühlt sich anders an. Es überraschte mich selbst, als ich schließlich die Wahrheit erkannte; schuld an meiner depressiven Stimmung war diese leere Schaukel. Und Sylvie, meine Kollegin. Während der Feier gestern hatte sie mir anvertraut, daß sie schwanger war. Und daß sie und ihr Freund beschlossen hatten, im Januar zu heiraten. Sie hatte mich gebeten, ihre Trauzeugin und später dann Taufpatin zu sein. Ich hatte natürlich sofort zugestimmt, sie umarmt, mich mit ihr gefreut – ehrlich und aufrichtig. Ich finde es wirklich schön, wenn andere Menschen glücklich sind. Aber hier in meiner Wohnung, am Morgen danach, fiel es mir nicht mehr so leicht, mich uneingeschränkt für Sylvie zu freuen. Ich war nicht etwa neidisch oder eifersüchtig. Ihr zukünftiger Mann war zwar ganz nett, aber überhaupt nicht mein Typ. Nein, das war es nicht. Aber ich dachte daran, welche Träume und Wünsche ich einst hatte – damals, kurz vor dem Abitur. Ich zeichnete für mein Leben gern und dachte mir ständig kleine Geschichten aus. Ich wollte Kinderbücher schreiben. Und natürlich eine Familie haben mit nicht weniger als vier Kindern. Und was war daraus geworden? Natürlich hatte mich niemand dazu gezwungen, die Banklehre zu beginnen – das Geld hatte mich überzeugt. Bücher schreiben konnte ich schließlich auch in meiner Freizeit. Es war alles in bester Ordnung. Und trotzdem fühlte ich mich ungerecht behandelt.

Warum sie?

Sylvie war die Stillere von uns beiden. Sie war keineswegs hübscher als ich, und mit vierunddreißig Jahren sogar noch um zwei Jahre älter. Warum? Warum um alles in der Welt sie und nicht ich? Warum heirateten alle anderen und bekamen ein Kind nach dem nächsten, während ich mich mit der Rolle der Trauzeugin, Tante und Taufpatin begnügen durfte?

Wer nicht heiratet, wird wenigstens auch nicht geschieden. Außerdem wirst du Fondsmanagerin, nicht Sylvie, versuchte ich mir trotzig einzureden. Du wirst nach Berlin, Barcelona und New York reisen, Designerklamotten kaufen, in teuren Restaurants essen gehen …

Dafür wird Sylvie eines schönen Tages unterm Weihnachtsbaum ihre Enkel auf dem Schoß wiegen, während man dich, die alte, alleinstehende Tante, aus reiner Freundlichkeit zum Essen einlädt, damit du die Weihnachtstage nicht ganz allein verbringen mußt.

Unglücklicherweise spielten sie genau in diesem Augenblick »Have Yourself a Merry Little Christmas« im Radio. Ich seufzte tief und bemitleidete mich und mein Schicksal, als es plötzlich so laut im Treppenhaus klirrte, daß ich befürchtete, eine der gläsernen Haustüren sei aus ihrem Rahmen gefallen. Ich lief sofort zu meiner Wohnungstür, riß sie auf, um den Schaden zu begutachten – und blieb überrascht an der Schwelle stehen.

Vor meiner Tür sah es aus wie an einem Polterabend. Ein, wie es schien, komplettes Service mit einem hübschen, wenn auch altmodischen Blumenmuster war auf dem Steinfußboden des Treppenhauses zerschellt. Die Scherben von Tellern, Tassen, Untertassen waren überall verstreut, und direkt auf meiner Fußmatte lagen die Tülle und der Deckel einer Kaffeekanne. Lediglich eine Zuckerdose schien den Sturz heil überstanden zu haben. Einsam und traurig stand sie inmitten des Trümmerhaufens. Zwei Männer stritten sich lautstark auf französisch, während ein dritter, ein kleiner, vielleicht vierzigjähriger, korpulenter Mann mit schütterem Haar und einer randlosen Brille auf der großen Nase danebenstand und aussah, als wäre es ihm unangenehm, dazuzugehören. Obwohl ich die französische Sprache sehr liebe und ein Jahr lang als Au-pair-Mädchen in Paris gewesen bin, konnte ich nicht alles verstehen – abgesehen von den derben Schimpfwörtern, die sich die beiden gegenseitig an den Kopf warfen.

»Guten Tag«, sagte ich auf französisch und fühlte mich keineswegs wohl in meiner Haut. Gewöhnlich mische ich mich nicht in Familienstreitigkeiten ein. Aber was sollte ich machen? Ich konnte wohl kaum die Tür einfach wieder schließen und so tun, als hätte ich nichts gehört oder gesehen. »Kann ich Ihnen helfen?«

Die beiden unterbrachen ihren Streit und sahen mich verdutzt an, während der Dicke seine Brille abnahm und sorgfältig putzte. Sein Gesicht war dunkelrot angelaufen.

»Entschuldigen Sie, bitte«, sagte einer der beiden Streitenden auf deutsch. Er hatte dunkles Haar, das nach allen Seiten hin abstand und das er jetzt erfolglos zu glätten versuchte. »Einer der Umzugskartons ist auseinandergefallen und ...« Mit einem verlegenen Lächeln deutete er auf das Chaos um sich herum. »Sie sehen ja selbst. Aber ich sollte mich wohl erst einmal vorstellen. Ich bin Jean-Luc Decaux.« Er reichte mir die Hand. »Ich bin Ihr neuer Nachbar. Und das sind meine Brüder Mathieu«, er zeigte auf den Dicken, der seine Brille wieder aufsetzte und mir freundlich zunickte, »und Marc.«

Marc war offensichtlich der Jüngste der drei, und er sah genau so aus, wie ich mir meine Männer in meinen Träumen immer vorstelle. Er hatte sich auf eine der Treppenstufen zum ersten Stockwerk gesetzt, sich gegen das Treppengeländer gelehnt und eine Zigarette angezündet. Er machte immer noch ein finsteres Gesicht. Trotzdem – oder vielleicht auch gerade deshalb - bot er einen Anblick, als sei er einem Werbeplakat für französische Zigaretten entstiegen. Mein Herz schlug augenblicklich ein paar Takte schneller. Rasch wandte ich den Blick von ihm ab und hoffte inständig, daß ich nicht rot wurde.

»Ich bin Kathrin Jahncke. Brauchen Sie eine Schaufel und einen Besen?« Ich richtete meinen Blick fest auf das Gesicht meines neuen Nachbarn, um mich von seinem attraktiven Bruder abzulenken.

»Das wäre wirklich freundlich«, erwiderte er. »Ich habe so etwas zwar auch, aber die sind irgendwo in den Tiefen des Umzugswagens versteckt.«

Mir wurde schmerzlich bewußt, daß mein Französisch kaum halb so gut war wie Jean-Lucs Deutsch. Obendrein hatte er jenen wunderbaren französischen Akzent, dem ich stundenlang hätte lauschen können.

»Behalten Sie sie, bis Sie Ihre gefunden haben«, sagte ich, als ich ihm das Kehrwerkzeug reichte. »Man kann ja nie wissen.«

Er dankte mir höflich, und ich kehrte in meine Wohnung zurück. Nachdem die Tür hinter mir fest geschlossen war, atmete ich erst einmal tief durch. Aus dem Treppenhaus drang das Klirren der zusammengefegten Scherben, das hin und wieder von Jean-Lucs und Marcs Stimmen übertönt wurde. Offensichtlich flackerte der Streit erneut auf. Und obwohl sie ihn jetzt in wesentlich geringerer Lautstärke ausfochten, hörte ich, wie sie immer wieder von Mathieu ermahnt wurden, doch endlich still zu sein und sich wie Erwachsene zu benehmen. Als ich wieder ins Wohnzimmer ging, mußte ich lächeln.

Meine Trübsal war wie weggeblasen, und zugleich brachen die ersten Sonnenstrahlen durch den Nebel, als wollte der Himmel meinen Stimmungsumschwung honorieren.

Ich schloß die Terrassentür, ging in mein Arbeitszimmer, legte dort eine CD ein und schaltete meinen Laptop an. Mir blieb noch bis Januar Bedenkzeit, ob ich die Ausbildung zur Fondsmanagerin beginnen wollte oder nicht. Natürlich würde ich diese einmalige Chance ergreifen. Trotzdem konnte es nicht schaden, sich genauer zu informieren.

Doch ich konnte mich nicht konzentrieren, und landete schließlich – wie meist in solchen Situationen – bei einem der von Windows mitgelieferten Spiele. Mit jedem Blick aus dem Fenster meines Arbeitszimmers sah ich den weißen LKW vor dem Haus stehen, auf dem eine Pariser Speditionsfirma in großen blauen und roten Buchstaben für ihren Umzugsservice warb. Bis in den späten Nachmittag hörte ich die Stimmen der drei Brüder, die Kartons und Möbel schleppten. Erst gegen Abend verabschiedeten sich die drei voneinander. Von meinem Schreibtisch aus konnte ich beobachten, wie Marc und Mathieu in den LKW stiegen und unter lautem Gehupe davonfuhren. Ich war enttäuscht. Im stillen hatte ich gehofft, daß ich an diesem Wochenende noch Gelegenheit haben würde, Marc etwas näher kennenzulernen. Aber – so tröstete ich mich – Jean-Luc war schließlich mein neuer Nachbar, und Marc war sein Bruder. Vielleicht würde er ihn ja hin und wieder besuchen.

Am nächsten Morgen weckte mich ein Geräusch, das mir durch Mark und Bein drang – das Geräusch einer Bohrmaschine. Offenbar hatte Jean-Luc nun damit begonnen sich einzurichten. Ich warf einen Blick auf die Uhr und drückte mir stöhnend mein Kopfkissen auf die Ohren. Es war eine Minute nach neun. Von der Hausordnung her konnte man meinem neuen Nachbarn also wahrlich keinen Vorwurf machen. Trotzdem war es für mich zu früh. Viel zu früh.

Nachdem ich zehn Minuten lang vergeblich versucht

hatte, die Bohrmaschine zu ignorieren, gab ich es auf. Jean-Luc kämpfte sich offenbar gerade durch einen der Stahlträger, mit denen auch ich bei meinem Einzug so manche unliebsame Erfahrung gesammelt hatte. Das ganze Haus schien in seinen Grundmauern zu erbeben. An Schlaf war da nicht mehr zu denken. Also beschloß ich, mich anzuziehen und zum Bäcker zu gehen. Brötchen zum Frühstück würden mir den Lärm unter Umständen erträglicher machen.

Draußen war es kalt. Auf den Dächern und Rasenflächen lag Reif. Deshalb war ich froh, als ich endlich mit klammen Fingern meine Haustür wieder aufschloß. Ich ging in die Küche und setzte mir Kaffee auf. Während die Kaffeemaschine brodelte und fauchte, schmierte ich mir meine Brötchen. Dann ging ich mit einem Becher duftenden Kaffees und dem Teller mit den Brötchen ins Wohnzimmer, ließ mich in mein Sofa zurücksinken und schaltete mit der Fernbedienung den Fernseher an. Während ich Marmeladenbrötchen aß und den heißen Kaffee schlürfte, schaltete ich von einem Kanal zum nächsten. Ich blieb gerade bei einer Spielshow hängen, als ich aus dem Augenwinkel eine Bewegung auf meiner Terrasse wahrnahm. Ich sah genauer hin und entdeckte ein weißes Kaninchen mit hellbraunen Ohren, einem dunkelbraunen Streifen auf dem Rücken und zwei kleinen braunen Flekken an der Seite. Es war das hübscheste Kaninchen, das ich jemals gesehen hatte. Es hoppelte näher und kam schließlich bis zu meiner Terrassentür, stellte sich dort auf die Hinterbeine, stemmte die Vorderpfoten gegen das Glas und schaute neugierig zu mir herein. Langsam, um das Tier nicht zu erschrecken, stand ich auf und öffnete die Tür.

»Na, du kleiner Kerl«, sagte ich leise und ging in die Hocke. »Wo kommst du denn auf einmal her?«

Das Kaninchen sah mich aus großen, dunklen Augen an, dann hoppelte es an mir vorbei in mein Wohnzimmer, als sei das ganz normal.

»He, so war das aber nicht gemeint«, sagte ich und mußte lachen, als sich das Kaninchen in meinem Wohnzimmer umsah. Es schien überhaupt nicht scheu zu sein, denn als ich mich ihm näherte, blieb es sitzen. Vorsichtig streckte ich eine Hand aus, um das Tier einzufangen. Und ich fühlte bereits das seidige Fell unter meinen Fingerspitzen, als plötzlich Jean-Luc nebenan wieder seine Schlagbohrmaschine ansetzte. Ich schrie vor Schreck auf, das Kaninchen sprang in die Luft und flitzte an mir vorbei in Richtung Schlafzimmer.

Ich folgte dem Kaninchen langsam, um es nicht noch mehr zu erschrecken, ging wieder ganz behutsam in die Hocke und spähte unters Bett. Dort saß das Tier, duckte sich, hatte die Ohren angelegt, als wollte es sich so klein wie möglich machen, und zitterte am ganzen kleinen Körper. Ich mußte lachen und setzte mich auf den Boden. Das Kaninchen sah mich vorwurfsvoll aus seinen großen dunklen Augen an, als wollte es sagen: »Was gibt es denn da zu lachen? Willst du etwa behaupten, du findest den Lärm toll?«

»Du hast ja recht, ich habe auch einen Riesenschreck bekommen«, sagte ich und streckte meine Hand aus, um das Tier anzulocken.

Ob das Kaninchen mich besonders sympathisch fand, oder ob es daran lag, daß Jean-Luc genau in diesem Augenblick mit der Bohrerei aufhörte, kann ich nicht sagen. Es hoppelte näher, schnupperte neugierig an meinen Fingern und kam noch näher, bis es direkt vor mir saß. Dann stellte es sich auf die Hinterläufe und beschnupperte mein Gesicht, als wollte es mich begrüßen. Seine Barthaare kitzelten meine Wangen, und ich mußte wieder lachen.

»Du bist ja ein ganz kecker Bursche«, sagte ich leise und begann, das seidenweiche Fell zu kraulen. Dem Kaninchen schien es zu gefallen, denn es ließ sich so plötzlich zur Seite fallen, daß ich zuerst Angst hatte, das Tier sei krank, streckte alle viere von sich, schloß die Augen halb und sah rundum zufrieden aus.

Ich betrachtete das Kaninchen eine Weile. Es war wirklich ein sehr hübsches Tier. Aber wo kam es auf einmal her? Wem gehörte es? Niemand hier im Haus hielt sich Kaninchen. Die einzigen, die überhaupt ein Tier besaßen, waren die Ottes, ein älteres Ehepaar aus dem zweiten Stock. Aber die hatten einen Dackel. Ob das Kaninchen vielleicht aus einem der anderen Häuser entwischt war? Dann fiel mir plötzlich mein neuer Nachbar ein. Vielleicht gehörte das Tier ihm. Ich hatte zwar nicht gesehen, daß gestern auch ein Käfig in die Wohnung getragen worden war, aber das mußte nichts heißen. Ich hatte meinen Tag schließlich nicht allein damit zugebracht, aus dem Fenster zu schauen. Wenn nun in dem ganzen Durcheinander, das bei einem Umzug herrscht, die Käfigtür versehentlich offengeblieben war? Ja, so mußte es sein. Dieses Kaninchen gehörte bestimmt Jean-Luc.

»So, jetzt bringe ich dich wieder zu deinem Herrchen zurück«, sagte ich, stand auf und hob das Kaninchen auf meinen Arm. Ich weiß nicht, ob es einfach nur überrascht war oder ob es mich wirklich mochte. Es zappelte nicht, es fauchte nicht und versuchte auch nicht, mich zu beißen. Als ob es damit einverstanden war, daß ich es jetzt quer durch meine Wohnung und ins Treppenhaus trug, gerade in dem Augenblick, als Jean-Luc erneut seine abscheuliche Bohrmaschine ansetzte. Im Treppenhaus war der Lärm geradezu ohrenbetäubend. Ich drückte auf den Klingelknopf. Mehrmals.

Es dauerte eine Weile, bis Jean-Luc die Glocke gehört

hatte. Endlich verstummte die kreischende Bohrmaschine, und er öffnete die Tür.

Jean-Luc stand vor mir in einer alten, ausgeblichenen, mit Farbe bekleckerten und über den Knien zerrissenen Jeans und einem ebenso alten Hemd, dessen abscheuliches Karomuster mir geradezu in den Augen weh tat. Sein strubbeliges, nach allen Seiten hin abstehendes Haar war mit einer dünnen Schicht weißen Bohrstaubs bedeckt. Die Ähnlichkeit mit Marc war unverkennbar, auch wenn sein Profil viel markanter war als das seines jüngeren Bruders.

»Guten Morgen!« sagte ich. »Ich bin's, Kathrin, Ihre Nachbarin.«

Er erkannte mich, und seine Wangen färbten sich rot.

»Oh, guten Morgen«, erwiderte er mit seinem sympathischen französischen Akzent und fuhr sich durchs Haar, so daß der Bohrstaub herausrieselte und jetzt seine Schultern bedeckte. »Sie kommen bestimmt wegen dem Lärm. Es tut mir sehr leid. Aber nur noch zwei Löcher, dann bin ich erst einmal fertig. Bestimmt. Versprochen.« Er lächelte verlegen.

»Ach, deswegen brauchen Sie sich keine Sorgen zu machen«, entgegnete ich. »Ich wollte Ihnen nur Ihr Kaninchen zurückbringen.«

»Kaninchen?« fragte er und runzelte die Stirn. Er sah mich an, als wäre dies eine neue Vokabel. »Aber …«

»Es saß auf meiner Terrasse. Und als ich die Tür öffnete, ist es einfach zu mir in die Wohnung spaziert. Zum Glück, möchte man sagen, wer weiß, wo es sonst hingelaufen wäre.« Ich hielt ihm das Tier entgegen, und sein Gesicht hellte sich auf.

»Es ist wirklich sehr niedlich«, sagte er und kraulte das Kaninchen hinter dem Ohr. Dann schüttelte er lächelnd den Kopf. »Aber ich bedaure, das ist nicht mein Kaninchen.«

Ich war so überzeugt gewesen, daß es zu Jean-Luc gehörte, daß mich diese Antwort völlig aus dem Konzept brachte.

»Aber, was …«, stammelte ich. »Wem gehört es dann?«

»Ich weiß es nicht. Sie werden wohl bei den anderen Nachbarn fragen müssen.«

Ich schüttelte den Kopf.

»Hier hat niemand ein Kaninchen.«

»Kommen Sie herein, Kathrin. Sie werden einen Karton für das Tier brauchen, um es unterzubringen, bis Sie den Besitzer gefunden haben. Und wenn ich zur Zeit etwas im Überfluß besitze, so sind es Kartons.«

Er wies mir den Weg ins Wohnzimmer, in dem sich mindestens zwei Dutzend Umzugskartons stapelten. Ein mit einem Laken zugedecktes Sofa stand mitten im Raum, unzählige Regalbretter waren gegen die Wände gelehnt. Das einzige zusammengebaute Möbelstück war eine Bank, auf der eine zweifellos teure Hifi-Anlage stand, deren Krönung ein Plattenspieler war.

»Setzen Sie sich, Kathrin«, sagte Jean-Luc. Er zog an einem Laken und enthüllte einen cremefarbenen Arne-Jacobsen-Sessel. »Ich werde nur schnell einen der Kartons auspacken.«

»Machen Sie sich doch keine Umstände, ich …«

Er schüttelte den Kopf.

»Es sind keine Umstände. Die Bücher muß ich sowieso irgendwann auspacken.«

Er öffnete einen Karton, und ich setzte mich vorsichtig in den Sessel. Er hatte gerade zwei Stapel in der Hand, als sein Handy klingelte. Er bat mich um Entschuldigung, nahm den Anruf entgegen und ging in die Küche. Von mir aus hätte er eine Stunde wegbleiben können, denn ich saß überaus bequem in dem Sessel, und auch das Kaninchen schien sich auf meinem Schoß wohl zu fühlen. Doch schon nach kurzer Zeit kam Jean-Luc zurück.

»Verzeihung«, sagte er mit einem verlegenen Lächeln. »Das war Marc, mein Bruder. Sie erinnern sich vielleicht. Er hat das Service meiner Großmutter fallen lassen.« In Erinnerung daran schüttelte er den Kopf. »Marc und Mathieu sind gut wieder in Paris angekommen. Ich soll Sie grüßen.«

»Danke!« sagte ich und versuchte mir nicht anmerken zu lassen, wie sehr ich mich darüber freute.

Sieh an, Marc hat also an dich gedacht! frohlockte ich innerlich, während ich das Kaninchen an den Flanken kraulte. Doch das schien ihm weniger gut zu gefallen, denn es begann, zu fauchen und zu knurren, und wandte den Kopf, als wolle es mich beißen. Hastig zog ich meine Hand zurück. Während ich versuchte, das sich plötzlich heftig windende und sträubende Tier auf meinem Schoß festzuhalten, überlegte ich, wie ich es wohl am besten anstellen konnte, ihn nach seinem Bruder auszufragen.

»Sie kommen aus Paris?« fragte ich. Das Kaninchen beruhigte sich wieder. Trotzdem wagte ich es nicht, meinen Griff zu lockern.

»Ja«, sagte Jean-Luc und beugte sich wieder über den Karton, um die Bücher auszupacken. »Aber ich habe jetzt eine Anstellung hier, und deshalb ...«, er machte eine Geste, die den ganzen Raum umfaßte und womit er wohl den Umzug meinte.

»Was machen Sie denn beruflich?«

»Ich bin Lehrer«, sagte er und legte einen weiteren Stapel Bücher auf den Boden. »Ich werde ab Montag am Lycée Français Literatur unterrichten. So«, sagte er und richtete sich auf, »der Karton ist leer. Sie können das Tier dort hineinstecken.«

»Danke.« Ich erhob mich und setzte das Kaninchen in

den Karton. Augenblicklich fing es an, seine neue Umgebung zu beschnuppern. »Es scheint ihm zu gefallen. Aber der Karton wird danach bestimmt unbrauchbar sein.«

»Das macht überhaupt nichts«, sagte er und schüttelte lächelnd den Kopf. »Ich habe diese Wohnung nicht gekauft, um gleich wieder umzuziehen.«

»Das Kaninchen hat jetzt ein Zuhause, und ich sollte Sie nicht länger von Ihrer Arbeit abhalten«, sagte ich. »Nochmals vielen Dank.«

»Gern geschehen«, erwiderte er und begleitete mich zur Tür. »Ich … eine Frage noch. Meine Küche … ich meine, der Ofen ist noch nicht so weit und …« Sein bisher nahezu perfektes Deutsch wurde plötzlich sehr viel schlechter. Er machte den Eindruck eines Schauspielers, der seine Rolle nicht gelernt hatte. »Ich wollte fragen, ob Sie wissen, ob man hier essen kann? Ich meine, gibt es hier ein Restaurant?«

Das ärgerte mich. Gut, Hamburg mit Paris zu vergleichen würde mir nicht einmal im Traum einfallen. Dennoch ist Hamburg wirklich kein Dorf.

»Natürlich«, entgegnete ich schroff. »Überall hier in der Gegend gibt es Restaurants, Bistros und Kneipen. Gleich nebenan zum Beispiel. Und zwei Straßen weiter gibt es sogar ein Einkaufszentrum mit zwei Supermärkten.«

Ich verabschiedete mich und ging. Erst in meiner Wohnung kam mir in den Sinn, daß er es vielleicht gar nicht so gemeint hatte.

Das Kaninchen rumorte in seinem Karton herum und ich konnte hören, wie es mit Zähnen und Krallen die Pappe in kleine Stücke zerfetzte. Wahrscheinlich hatte es Hunger. Aber was frißt ein Kaninchen – abgesehen von Möhren, die ich nicht besonders mag und deshalb auch nicht im Haus hatte? Da ich nicht davon ausgehen konnte, die Besitzer heute noch zu finden, mußte ich mir Gedanken darüber machen, was ich dem Tier zum Fressen anbieten sollte. Da fiel mir die Zoohandlung im Einkaufszentrum ein. Vielleicht konnte man mir dort weiterhelfen, oder gar das Tier in Pflege nehmen, bis sich der Besitzer melden würde?

Ich zog mich an, packte das Kaninchen in eine alte Sporttasche, deren Reißverschluß ich einen Spaltbreit offenließ, und machte mich auf den Weg.

Doch meine Hoffnung, daß die Zoohandlung mir die Sorge um meinen kleinen Findling abnehmen würde, wurde enttäuscht.

»Nein, gute Frau«, sagte die Verkäuferin barsch und schüttelte entschieden den Kopf. »Das geht nicht. Wir wissen schließlich nicht, ob Ihr Kaninchen eine ansteckende Krankheit hat. Wir können es nicht einfach zu unseren Tieren in den Käfig setzen.«

Etwas gereizt versuchte ich ihr zu erklären, daß es keineswegs *mein* Kaninchen sei, das ich jetzt auf billige Weise loswerden wolle. Schließlich schien sie das begriffen zu haben.

»Dann bleibt Ihnen wohl nichts anderes übrig, als das Kaninchen ins Tierheim zu bringen.«

Ich seufzte. Ich bin wirklich tierlieb, und der Gedanke, dieses hübsche kleine Kerlchen ins Tierheim zu bringen, war mir ein Greuel. Da ich den Hund meiner Schwester in Urlaubszeiten betreue und auch mit Katzen gut zurechtkomme, beschloß ich, das Kaninchen bei mir zu behalten – natürlich nur so lange, bis sich sein rechtmäßiger Besitzer gemeldet hätte. Das schien der Verkäuferin zu gefallen, denn ihr Ton wurde von einer Sekunde zur nächsten freundlicher. Sie sah sich das Kaninchen genau an, erklärte mir, daß es ein Weibchen sei, und gab mir einen kurzen Überblick über die allgemein von Zwergkaninchen bevorzugte Nahrung. Als ich die Zoohandlung schließlich verließ, hatte ich nicht nur das Kaninchen in der Sporttasche wieder bei mir, sondern schleppte auch noch einen Nagerkäfig, den ich gegen eine Kaution leihweise bekommen hatte, Heu, einen Sack Holzspäne, eine Tüte Körnerfutter, einen Napf und eine Trinkflasche mit mir herum. Der türkische Händler, bei dem ich jeden Freitag mein Obst und Gemüse kaufte, lachte laut, als er mich sah. Ich muß ausgesehen haben wie ein Vogelhändler aus dem letzten Jahrhundert. Doch er packte mir bereitwillig Kohlrabiblätter und Möhrengrün in eine Tüte.

Wieder zu Hause angekommen, beschäftigte ich mich erst einmal mit dem Einrichten des Käfigs, während das Kaninchen sich in seinem Umzugskarton so lang wie möglich machte und neugierig den Hals reckte. Als ich es dann in den Käfig setzte, beschnupperte es jede Ecke, rieb an jeder Kante sein Kinn und verbesserte noch hier und dort die Lage der Holzspäne, bevor es sich schließlich zufrieden über seine Kohlrabiblätter hermachte.

Ich setzte mich an den Computer und entwarf einen Zettel mit einem Foto des Kaninchens, auf dem ich den Fundort und meine Telefonnummer nannte. Dann druckte ich diesen Zettel dreißigmal aus und hing ihn an Baumstämme und Laternenpfähle. Ich machte mich auf unzählige Anrufe gefaßt. Bestimmt würde es so manchen geben, der auf diese Art gern billig zu einem Kaninchen kommen wollte. Doch ich hatte mich getäuscht. Das Telefon blieb stumm. Wer auch immer der Besitzer des Kaninchens war, schien nicht allzu begierig darauf zu sein, es wiederzubekommen.

Am Sonntag morgen wurde ich kurz nach halb sieben durch lautes Scharren und Klappern geweckt. Verschlafen stolperte ich durch meine Wohnung, um die Ursache des

Geräusches zu finden, und blieb schließlich beim Käfig stehen. Dieses »saubere, ruhige Tier«, wie mir die Dame aus der Zoohandlung tags zuvor versichert hatte, hatte im Laufe der Nacht die Hälfte der Streu auf meinem Parkett verteilt. Jetzt nahm es immer wieder den leeren Steingutnapf zwischen seine Zähne und warf ihn, sichtlich erbost, kreuz und quer durch den Käfig. Dann blieb es sitzen und sah mich aus großen dunklen Augen vorwurfsvoll an. Es dauerte ein paar Sekunden, bis ich begriff, daß der Napf leer war. Offenbar war es Zeit für das Frühstück. Ich beeilte mich, ein paar Kohlrabiblätter aus der Küche zu holen, setzte mich neben den Käfig und beobachtete, in welcher Geschwindigkeit das Grünzeug verschwand. Bei dem Appetit würden meine Futtervorräte gerade eben bis Montag abend reichen.

»Aber vielleicht kommt ja schon heute jemand, um dich wieder abzuholen«, sagte ich, öffnete die Käfigtür und streichelte das seidige Fell. Dabei spürte ich einen seltsamen Stich in der Magengegend, und ich stellte mir vor, wie es wohl wäre, wenn sich niemand melden würde und ich das Kaninchen einfach behalten dürfte. Der Gedanke gefiel mir.

An diesem Sonntag blieb meine Bügelwäsche unbeachtet im Wäschekorb liegen, sogar der Fernseher blieb unberührt. Stunde um Stunde saß ich vor dem Käfig und sah dem Kaninchen zu, während Jean-Luc nebenan dazu übergegangen war, mindestens hundert Nägel in die Wände zu schlagen. Ein Geräusch, daß zwar nicht wie das der Schlagbohrmaschine bis ins Mark drang, dafür jedoch zermürbend war wie ein tropfender Wasserhahn. Ich bin sicher, wenn ich nicht abgelenkt gewesen wäre durch meinen kleinen Gast, ich wäre an diesem Sonntag die Wände hochgegangen. Statt dessen holte ich meinen Zeichenblock und ein paar Bleistifte hervor und zeichnete – das hatte ich schon seit Jahren nicht mehr getan. Ich zeichnete das Kaninchen beim Fressen, beim Sich-Putzen. Das Resultat war zwar jämmerlich, trotzdem machte es Spaß. Schließlich gönnte ich dem Tier einen Rundgang durch meine Wohnung. Während es jede Ecke, jedes Möbelstück, jeden Teppich und sogar das Adventsgesteck auf meinem Tisch beschnupperte, dachte ich mir, daß ich es nicht einfach »Kaninchen« nennen konnte, selbst wenn es nur noch wenige Stunden bei mir bleiben würde. Also probierte ich verschiedene Namen aus – Hoppel, Mucki, Sternchen ... Bei dem Namen »Sabrina« hob es schließlich seinen Kopf und kam zu mir gehoppelt. Für mich stand damit fest, daß ihm dieser Name gefiel.

Ich nahm Sabrina auf meinen Schoß und streichelte sie. Sollte ich morgen, auf meinem Weg zur Arbeit, die Zettel wieder von den Bäumen und Laternenpfählen abnehmen?

Nein, sagte mein Gewissen streng, du wartest mindestens eine Woche ab. Wenn sich bis dahin niemand gemeldet haben sollte, kannst du das Tier behalten.

An diesem Tag meldete sich niemand, der Sabrina von mir zurückforderte. Mit dem Gefühl, die erste Etappe eines Rennens gewonnen zu haben, ging ich ins Bett.

Der Montagmorgen begann voller Hektik. Ich hatte meinen Wecker wie gewöhnlich für sieben Uhr gestellt und dabei nicht bedacht, daß ich neben meiner morgendlichen Routine auch noch ein Kaninchen zu versorgen hatte. In Windeseile wechselte ich die Streu im Käfig aus, gab Futter in den Napf, frisches Wasser in die Trinkflasche, füllte die Raufe mit Heu und warf die restlichen Kohlrabiblätter in den Käfig. Als ich Sabrina zum Abschied hastig über den Rücken streichelte und die Käfigtür wieder schloß, hätte ich schwören können, daß sie mißbilligend die Stirn runzelte. Ich gelobte Besserung und versprach ihr, am nächsten Tag früher aufzustehen, damit ich mehr Zeit für sie hätte, dann lief ich los.

Draußen war es zwar nicht mehr so kalt wie am Wochenende, dafür hatte es angefangen zu regnen – ein typischer Wintertag in Hamburg. Im Laufschritt erreichte ich schließlich die U-Bahn. Der Anzeigetafel konnte ich entnehmen, daß die nächste Bahn bereits in drei Minuten eintreffen würde. Ich blieb stehen und atmete erleichtert auf. Ich würde es noch rechtzeitig in die Bank schaffen. Da sah ich Jean-Luc. Er stand nur ein paar Meter von mir entfernt. Mit seiner dunklen Jacke, die ihm bis zur Mitte der Oberschenkel reichte, den Jeans und der abgegriffenen Ledermappe unter dem Arm sah er aus wie ein Student. Er erkannte mich und lächelte mir zu – zaghaft und schüchtern, als wäre er gerade erst achtzehn geworden. Er sah so verlassen aus inmitten der anderen Fahrgäste, daß ich, ohne lange nachzudenken, auf ihn zuging.

»Guten Morgen«, sagte ich. »Ihr erster Tag heute?«

Er muß dich für ganz schön dämlich halten, dachte ich mir im selben Moment. Das hat er dir doch am Samstag bereits erzählt!

Doch er lächelte mich derart erleichtert an, daß ich trotz meiner völlig überflüssigen Frage den Eindruck hatte, ein gutes Werk getan zu haben. Er nickte.

»Ja«, sagte er und hob die Schultern, als würde ihm gerade ein Schauer über den Rücken laufen. »Neue Kollegen, neue Schüler, ein neuer Direktor ... Ich muß gestehen, daß ich ein wenig nervös bin.«

Er klang etwas heiser, doch das tat dem Charme seines Akzents keinen Abbruch. Im Gegenteil. Ich war überzeugt davon, daß er mit seiner angenehmen Stimme und diesem jungenhaften, schüchternen Lächeln wenigstens die Herzen seiner Schülerinnen im Sturm erobern würde.

»Es wird schon werden«, sagte ich aufmunternd. »Ich drücke Ihnen die Daumen. Sind Sie mit der Einrichtung Ihrer Wohnung gut vorangekommen?«

»Ja, danke. Ich hoffe nur, daß ich Sie nicht zu sehr gestört habe mit dem ständigen Geklopfe.«

»Nicht der Rede wert«, winkte ich ab und warf einen Blick auf die Anzeigetafel. Die Bahn sollte jetzt einfahren, und in der Tat tauchten gerade in diesem Augenblick die Lichter der U-Bahn im Tunnel auf.

Er fuhr sich durchs Haar und verlagerte das Gewicht von einem Bein auf das andere.

»Wie geht es dem Kaninchen?« fragte er. »Haben Sie schon den Besitzer gefunden?«

»Nein«, ich schüttelte den Kopf, und mir drehte sich der Magen um. Es gibt eben Dinge, an die möchte man nicht erinnert werden.

»Vielleicht haben Sie Glück, und heute wird sich jemand melden«, sagte er.

Ich spürte, wie in mir eine Tür zufiel. Ich wußte natürlich, daß Jean-Luc nur nett sein und mich trösten wollte. Er konnte schließlich nicht wissen, daß ich Sabrina bereits so fest ins Herz geschlossen hatte, daß ich sie als mein eigenes Tier betrachtete. Trotzdem regte es mich maßlos auf.

»Ja, vielleicht«, sagte ich schroff. »Da kommt die Bahn.«

Das Geräusch der bremsenden U-Bahn übertönte jedes weitere Wort. Die Türen gingen auf, und als der Fluß der herausquellenden Menschen endlich abgeebbt war, stieg ich ein, suchte mir einen freien Platz im hinteren Teil des Wagens und holte ein Buch aus meiner Tasche. Jean-Luc unternahm keinen Versuch, mir zu folgen. Über den Buchrand hinweg sah ich ihn am anderen Ende stehen. Er sah keineswegs glücklich aus.

Geschieht ihm recht, dachte ich wütend und vertiefte

mich in meinen Roman. Als ich drei Stationen später wieder aufblickte, war er bereits ausgestiegen.

An diesem Abend kam ich früher nach Hause als gewöhnlich. Ich hatte auf ein geselliges Beisammensein mit meinen Kollegen verzichtet und war statt dessen wieder zu meinem Gemüsehändler gegangen, hatte ein Bund Möhren gekauft und abermals um ein Paar Kohlrabiblätter gebeten. Als ich dann ins Wohnzimmer trat mit dem frischen Grün in der Hand, stellte sich Sabrina auf die Hinterbeine und reckte ihre kleine, weiße Schnauze so erwartungsvoll, wie ein Kind zur Bescherung am Heiligabend.

»Na, Sabrina, hast du dich schon auf mich gefreut?« sagte ich, während eine innere Stimme mir zuflüsterte, daß es nicht meine Gesellschaft war, die Sabrina in Aufregung versetzte, sondern der Geruch der Kohlrabiblätter.

Wenn mir vorher jemand erzählt hätte, daß man Stunden damit zubringen kann, vor einem Kaninchenkäfig zu sitzen und dem Langohr beim Fressen, Putzen und Gähnen zuzusehen, ich hätte denjenigen für verrückt erklärt. Und doch tat ich an diesem Abend nichts anderes. Und ich wäre bestimmt noch bis Mitternacht so sitzen geblieben, wenn Sabrina mir nicht durch ausgiebiges Nagen an der Käfigtür zu verstehen gegeben hätte, daß sie nun endlich ihren Spaziergang machen wollte.

Ich ließ Sabrina aus dem Käfig. Sie rannte durch die Wohnung, schlug Haken, sprang hoch und drehte sich dabei in der Luft wie eine Eiskunstläuferin. Als ich das nächstemal auf die Uhr sah, stellte ich fest, daß es mittlerweile halb zehn geworden war. Ich war verblüfft. Zum erstenmal seit vielen Jahren hatte ich eine meiner Lieblingsserien im Fernsehen verpaßt. Und es tat mir noch nicht einmal besonders leid. Im Gegenteil.

Ich fing Sabrina wieder ein, sperrte sie in ihren Käfig und öffnete dann die Terrassentür, um ein wenig frische Luft in die Wohnung zu lassen. Es regnete immer noch, und aus der Nachbarwohnung drangen leise Jazzklänge.

Wie Jean-Lucs Tag wohl gewesen war? dachte ich und war gewillt, ihm zu verzeihen. Statt dessen wünschte ich ihm vom ganzen Herzen, daß an seiner neuen Schule ein nettes Kollegium und nicht allzu anstrengende Schüler auf ihn gewartet hatten.

Niemand rief wegen Sabrina an. Ich gewöhnte mich schnell daran, früher aufzustehen und mich um meine kleine Mitbewohnerin zu kümmern. Ich schmierte mir mein Brot und aß es vor ihrem Käfig, während Sabrina ihre Kohlrabiblätter und Möhrenstücke knabberte. Sie war schließlich mehrere Stunden allein zu Hause, da wollte ich ihr wenigstens morgens ein wenig Gesellschaft leisten. Wenn ich abends nach Hause kam, stand bei meinem Gemüsehändler bereits eine Tüte mit Grünfutter bereit, auf die sich Sabrina jedes Mal mit Begeisterung stürzte. Ich zeichnete ununterbrochen, und mit der Zeit wurde ich besser. Und wenn ich dann gegen Ende ihrer »Spielstunde« auf dem Sofa saß, sprang sie mir auf den Schoß, streckte sich aus und ließ sich bereitwillig streicheln. Es war ein ungewohntes Gefühl, beim Nachhausekommen erwartet zu werden. Auch wenn es nur ein Kaninchen war, es gefiel mir.

Am Samstag stand ich früh auf. Niemand hatte sich auf meine Anzeige hin gemeldet, niemand schien das Kaninchen zu vermissen. Also war es jetzt meins. Auf dem Weg zum Einkaufszentrum riß ich alle Zettel von den Bäumen und Laternenpfählen, an denen ich vorbeikam. Nachdem ich meine Einkäufe erledigt hatte, ging ich in die Zoohandlung und bezahlte den Käfig.

Auch Sabrina schien sich zu freuen, als ich ihr erzählte, daß sie von nun an bei mir wohnen würde. Wenigstens bildete ich es mir ein, denn als ich sie streichelte, streckte sie sich und mahlte wohlig mit den Zähnen – ein Geräusch, das etwa dem Schnurren von Katzen entspricht, wie mir die Verkäuferin in der Zoohandlung erklärt hatte.

Ich holte Sabrina aus dem Käfig und ließ sie herumlaufen, während ich die Ecktoilette saubermachte, die Streu austauschte und das Futter auffüllte. Dann holte ich noch den Müll aus der Küche und ging mit zwei vollen Tüten zum Mülleimer nach draußen. An den Containern traf ich Jean-Luc.

Er sah aus, als sei er gerade erst aufgestanden. Er machte einen müden und etwas zerknitterten Eindruck.

»Guten Morgen, *Catherine*«, sagte er, stellte drei pralle Tüten neben dem zweiten Müllcontainer ab und öffnete die Klappe. Er sprach meinen Namen mit französischer Betonung aus, was sehr sympathisch klang.

»Guten Morgen, Jean-Luc«, erwiderte ich und schüttete meinen Müll in den Container. Sabrina gehörte mir. Mir! Ich hätte die ganze Welt umarmen können. »Sind Sie schon fertig mit dem Einrichten Ihrer Wohnung?«

Er schüttelte den Kopf und bückte sich nach den Tüten, aus denen Papierfetzen und Plastikbecher hervorschauten.

»Noch lange nicht«, sagte er und seufzte. »Ehrlich gesagt, habe ich den Eindruck, daß ich noch in einem Jahr Kisten auspacken und Bilder aufhängen und Regale zusammenschrauben werde. Die Bücher, Schallplatten und CDs müssen sich im Umzugswagen auf wunderbare Weise vermehrt haben. Ich bin fest davon überzeugt, daß es weniger waren, als ich in Paris losgefahren bin.«

Wir mußten beide lachen.

»Ist es nicht erstaunlich, wie viele Dinge sich im Laufe der Jahre ansammeln?«

»*Mon dieu*«, sagte er. »Da haben Sie ein wahres Wort gesprochen. Ich habe in den letzten Tagen bestimmt Hunderte von Büchern ausgepackt, die ich gar nicht kenne. Wenn ich für jedes davon nur einen Euro bekommen würde, ich wäre ein reicher Mann und brauchte mit pubertierenden Kindern nicht mehr über Baudelaire und Camus zu streiten.«

Ich hörte ihm hingerissen zu. Sein Akzent war einfach wunderbar. Mit jedem Wort, das er sagte, mit jeder seiner lebhaften Gesten, sah ich Paris vor mir – die quirligen Straßen im Marais, die Ufer der Seine, die Kuppeln von Sacré-Coeur, die Türme von Notre-Dame. Ich wollte einfach nicht, daß er aufhörte zu reden.

»Wie ist es Ihnen denn in der ersten Woche ergangen?« fragte ich. Allerdings nicht nur, um das Gespräch in Gang zu halten. Es interessierte mich wirklich. Jean-Luc war ein netter Kerl.

Er lächelte, fuhr sich durch sein dunkles Haar und lehnte sich gegen einen der Müllcontainer.

»Ich kann mich nicht beklagen. Viele der Kollegen stehen kurz vor ihrem Ruhestand und sind natürlich mir gegenüber etwas mißtrauisch. In ihren Augen bin ich wohl ein unerfahrenes Jüngelchen. Aber sie werden sich schon noch an mich gewöhnen. Und die Schüler sind nicht anders als in Paris. Mit fünfzehn hat man eben andere Interessen, als ausgerechnet »La Peste« zu lesen. Eigentlich war ich erst für das kommende Schuljahr vorgesehen. Aber der Kollege, dessen Nachfolger ich bin, mußte aus gesundheitlichen Gründen früher als geplant aufhören.« Er zuckte mit den Schultern. »Es kam alles etwas überraschend. Ich bin nur froh, daß ich so schnell eine Wohnung gefunden habe, noch dazu eine, die ich bezahlen konnte. Ich hatte schon befürchtet, wochenlang in einem Hotelzimmer sitzen zu müssen.«

»Hamburg ist eben nicht Paris«, sagte ich, da ich den Wohnungsmangel und die astronomischen Miet- und Kaufpreise in der französischen Hauptstadt noch von früher her kannte.

»Kennen Sie Paris?« fragte er, und ein hoffnungsvoller Funke glomm in seinen braunen Augen auf.

Ich erzählte ihm, daß ich als Au-pair-Mädchen in Paris gewesen war. Wir sprachen über Orte in der Stadt, die wir beide kannten und liebten, über meinen Job, seinen Job und den Sinn oder Unsinn der Rechtschreibreform, mit der er sich auch herumschlagen mußte. Dabei gingen wir fast unmerklich ins Französische über.

»Darf ich, bitte?«

Die schrille Stimme von Frau Otte riß uns aus unserer Unterhaltung. Vorwurfsvoll sah sie uns an, während sie ihren Mülleimer entleerte.

»Ich muß auch wieder in die Wohnung zurück«, sagte ich, als Frau Otte wieder im Haus verschwunden war. Mir wurde plötzlich bewußt, daß heute der 9. Dezember war und nicht der 9. Mai und daß ich nur in einem dünnen Pullover hinausgegangen war. »Mir ist kalt. Außerdem habe ich Sabrina in meiner Wohnung frei herumlaufen lassen.«

»Sabrina?« fragte Jean-Luc verständnislos. Er zog die Schultern hoch und rieb sich fröstelnd die Arme. Ich hatte wenigstens einen Pullover an. Er trug nur ein Herrenhemd, dessen Ärmel bis zu den Ellenbogen hochgekrempelt waren. Seine bloßen Unterarme waren fast weiß vor Kälte.

»Das Kaninchen. Es hat sich bisher niemand bei mir gemeldet, und ehrlich gesagt bin ich deswegen gar nicht traurig.«

Wir betraten das Haus.

»Vielleicht ...«, Jean-Luc zögerte und lächelte dann zaghaft. »Vielleicht können wir unsere Unterhaltung irgendwann fortsetzen? Natürlich an einem angenehmeren Ort als direkt vor den Mülltonnen und bei eisiger Kälte.« Er sprach immer hastiger, als hätte er Angst, daß er die Hälfte vergessen könnte, wenn er langsamer spräche. »Zum Beispiel nächsten Sonnabend. Ich gebe eine kleine Einweihungsfeier – nur ein paar Freunde aus Paris, meine Brüder, vielleicht einige Kollegen. Ich würde mich wirklich freuen, wenn Sie auch Zeit hätten ...«

»Danke für die Einladung«, sagte ich und schloß meine Tür auf. »Ich komme gern. Wann?«

»Um acht Uhr abends«, sagte er, und seine Augen leuchteten. »Ich freue mich.«

Wir wünschten uns noch gegenseitig einen schönen Tag, dann berat jeder von uns seine Wohnung.

Ich brachte den leeren Mülleimer in die Küche und warf einen Blick auf die Uhr. Zuerst wollte ich meinen Augen nicht trauen. Ich hatte eine dreiviertel Stunde mit Jean-Luc draußen gestanden! Kein Wunder, daß ich mich fühlte wie ein Eis am Stiel. Weshalb mich die Kälte nicht schon viel früher wieder in meine Wohnung getrieben hatte, war mir allerdings schleierhaft.

Morgen habe ich bestimmt eine dicke Erkältung, dachte ich und ging ins Wohnzimmer, um nach Sabrina zu sehen.

Doch was mich dann im Wohnzimmer erwartete, ließ mich dic drohende Erkältung auf der Stelle vergessen. Mich traf fast der Schlag. Direkt vor meinem Sofa, fast so groß wie das ganze Wohnzimmer, lag damals noch ein dunkelroter Orientteppich. Er war ein Erbstück meines Onkels, den ich sehr geliebt hatte. Während ich nun mit Jean-Luc geplaudert hatte, war Sabrina nicht wie jedes andere anständige Kaninchen friedlich durch die Wohnung gehoppelt, sondern hatte sich statt dessen über diesen Teppich hergemacht. Wenn ich sie bisher laufen ließ, hatte sie immer ganz brav mit ihrem Geschäft gewartet, bis sie wieder in ihrem Käfig war. Diesmal jedoch hatte sie gleich auf mehrere, gut sichtbare Stellen des Teppichs uriniert. Außerdem hatte sie alle Fransen an der der Raummitte zugewandten Seite fein säuberlich abgenagt. Als ich nun im Wohnzimmer stand, saß Sabrina in der Mitte des Teppichs und war emsig damit beschäftigt, ein Loch hineinzubeißen. In den wenigen Schrecksekunden, die ich brauchte, um zu reagieren, sah ich, wie das Loch bis zur Größe meiner Handfläche anwuchs.

»Nein!« schrie ich schließlich und stürmte auf sie zu. »Sabrina! Was machst du da?«

Sie zuckte nicht einmal zusammen, sondern biß hastig noch ein paar weitere Fäden aus dem Teppich, als müsse sie sich jetzt beeilen. Als ich sie endlich erreicht hatte, packte ich sie, hob sie auf und hielt sie vor mein Gesicht.

»Was hast du dir nur dabei gedacht?« fragte ich sie wütend. Doch sie schien mich nicht zu verstehen. Ihre dunklen Augen blickten mich voller Unschuld an. Ich setzte sie in ihren Käfig zurück und ließ mich dann auf den Teppich sinken. Die Urinflecken würde ich wahrscheinlich noch mit einem Spezialmittel entfernen können. Aber ich konnte die herausgerissenen Fransen nicht mehr anknüpfen. Ganz zu schweigen von dem großen Loch, das sich genau in der Mitte des Teppichs befand, dort, wo man es weder übersehen noch kaschieren konnte. Ich seufzte. Der Teppich war hin, daran bestand kein Zweifel. Auf allen vieren kroch ich zum Kaninchenkäfig.

»Da hast du etwas Schönes angerichtet«, sagte ich zu Sabrina, die sich, auf ihre Hinterbeine gestellt, gegen die Gitterstäbe lehnte und mich beschnupperte. »Der Teppich ist kaputt. Ich muß ihn jetzt wegwerfen und einen neuen Teppich kaufen.«

Sabrina schien das wenig zu beeindrucken. Im Gegenteil. Sie sah zufrieden aus, so als wollte sie sagen: »Gut, nicht wahr? Und dabei hatte ich noch nicht einmal viel Zeit.«

Ich öffnete die Käfigtür und hob den kleinen Übeltäter auf meinen Schoß. Während ich Sabrina gedankenverloren hinter den Ohren kraulte, überlegte ich, was wohl anstelle des zerstörten Teppichs in mein Wohnzimmer passen könnte. Und wann ich die Zeit haben würde, mir einen neuen zuzulegen. An Geld würde es wohl nicht mangeln. Als Fondsmanagerin würde ich schließlich bald so viel verdienen, daß ich mir sogar ein Designerstück leisten könnte. Aber den Anblick des zerfressenen und beschmutzten Teppichs würde ich nicht einen Augenblick länger ertragen, da war ich mir sicher. Ich stand auf, setzte Sabrina auf den Boden und rollte ächzend und stöhnend den Teppich zusammen.

Sabrina sah mir einen Augenblick lang interessiert zu, dann schien es ihr zu langweilig zu werden, und sie begann sich zu putzen.

Mühsam schob ich den zusammengerollten Teppich in den Flur und betrachtete mein Wohnzimmer. Es war erstaunlich, wie groß und hell der Raum plötzlich wirkte, und erst jetzt, wo er nicht mehr vor meinem Sofa lag, fiel mir auf, daß mir der Teppich eigentlich nie wirklich gefallen hatte. Die Farbe hatte nicht einmal zu meinem Sofa gepaßt. Auch wenn ich Onkel Karl noch so gern gehabt hatte – es war kein Verlust. Am Ende mußte ich Sabrina sogar noch dankbar sein.

Ich ging in die Küche und kochte mir eine Tasse Tee. Als ich zurückkam, blieb ich wie vom Donner gerührt in der Wohnzimmertür stehen. Diesmal saß Sabrina auf meinem Sofa und bearbeitete den Stoff mit ihren Krallen und Zähnen.

»Nein!« schrie ich voller Zorn und stürzte zu dem Tier. Ich packte das Kaninchen und warf es fast in den Käfig. Dann begutachtete ich den Schaden. Mitten auf der Sitzfläche hing ein großer Stofflappen in Fetzen herunter, kleine Kügelchen Schaumstoff waren überall verstreut, und ausgerechnet an der Stelle, auf der ich am liebsten saß, befand sich jetzt ein Loch von der Größe eines Tennisballs. Das war pure Bosheit!

Schnaubend vor Wut wandte ich mich dem Käfig zu. Vielleicht wußte Sabrina, daß sie diesmal zu weit gegangen war, denn sie warf mir einen kurzen Blick zu und verschwand dann wie der Blitz in ihrem Haus.

»Du Mistvieh!« schrie ich und öffnete die Käfigtür. Ich griff ins Haus, packte Sabrina am Genick und zerrte sie heraus. Sie sträubte sich, stemmte sich mit allen vier Pfoten gegen den Käfigboden, doch es nützte ihr nichts. Unbarmherzig faßte ich das Nackenfell fester und hob sie hoch. Sie strampelte mit allen vieren, knurrte, zischte und wand den Kopf, als wollte sie mich beißen, aber ich ließ nicht locker. »Was soll das? Du kannst doch nicht alles kaputtmachen! Ich setze dich wieder auf der Terrasse aus, dann kannst du sehen, wie du zurechtkommst! Ich bringe dich ins Tierheim! Ich lasse mir einen Kragen aus deinem Fell nähen! Ich serviere dich als Weihnachtsbraten!«

Ich lockerte meinen Griff. Sabrina sprang mit einem gewaltigen Satz in ihren Käfig, fauchte mich wütend an und verschwand dann zutiefst beleidigt in ihrem Haus, als sei nicht ich, sondern sie überaus ungerecht behandelt worden.

»Sei lieber still, Sabrina«, schimpfte ich, knallte die Käfigtür zu und kehrte ihr den Rücken zu. Dann ließ ich mich auf mein Sofa sinken und betrachtete die Bescherung. Vielleicht konnte man das Loch wieder ausstopfen und den Stoff nähen und …

Es bedurfte keines Experten, um zu erkennen, daß mein Sofa nicht mehr zu retten war. Sabrinas Zähne und Krallen hatten den Stoff derart ausgefranst, daß selbst der geschickteste Polsterer ihn nicht mehr hätte flicken können.

Ich war am Ende meiner Kraft. Die Worte der Verkäuferin in der Zoohandlung gingen mir wieder durch den Kopf: »Kaninchen sind ruhige, friedliche Tiere.« Friedlich? Darüber konnte ich nur lachen. Das mochte wohl für andere Zwergkaninchen gelten. Aber in meinem steckte offenbar ein kleiner Teufel. In nicht einmal zwei Stunden hatte das Tier es geschafft, einen Schaden von mindestens tausend Euro anzurichten. Vielleicht fiel es ihr ja noch ein, meine Computer- und Fernsehkabel durchzunagen oder die Tapeten so zu zerfetzen, daß ich auch noch die ganze Wohnung neu tapezieren mußte?

Ich starrte Sabrina, die vorsichtig die Schnauze aus ihrem Haus herausstreckte, wütend an. Hätte ich nicht gerade erst vor ein paar Stunden den Käfig bezahlt, ich hätte sie bestimmt auf der Stelle ins Tierheim gebracht. Und ich begann mich zu fragen, ob es nicht vielleicht einen Grund dafür gab, daß sich niemand auf meinen Zettel hin bei mir gemeldet hatte. Vielleicht war Sabrina von ihren zermürbten, kurz vor dem finanziellen Ruin stehenden Vorbesitzern einfach ausgesetzt worden in der Hoffnung, daß sie den Weg nach Hause nicht zurück finden würde.

Ohne Sabrina auch nur eines Blickes zu würdigen, stand ich auf, schnappte mir meine Handtasche und zog meinen Mantel an. In der Nähe meiner Wohnung gab es ein Möbelgeschäft. Ich war fest entschlossen, mir heute noch ein neues Sofa zu kaufen.

Ich rannte die Straße entlang, die Wut verlieh mir Flügel. In mir brodelte es, und der Anblick, der sich mir in der Polstermöbelabteilung bot, besänftigte mich keineswegs. Das eine Sofa war zu groß, das nächste viel zu teuer, das dritte zu unbequem, das vierte sah aus, als hätte man es nur aus Versehen hier im Geschäft abgestellt und nicht in dem Bordell, für das es wohl ursprünglich vorgesehen war. Das Gedudel der Weihnachtslieder im Hintergrund reizte mich, meine Laune sank bis weit unter den Gefrierpunkt, und ich verfluchte den Tag, an dem Sabrina auf meiner Terrasse erschienen war. Als ich schon die Suche aufgeben und auf das kommende Wochenende vertagen wollte, entdeckte ich dann doch noch ein passendes Sofa. Es gefiel mir auf Anhieb. Und es war überaus bequem. Am liebsten wäre ich gar nicht mehr aufgestanden, nachdem ich mich zur Probe gesetzt hatte. Es war ein Gefühl, als ob dieses Sofa für mich gemacht worden sei. Ich kaufte es, ohne lange darüber nachzudenken. Ich hatte zudem noch Glück: Das Sofa war im Lager vorrätig und konnte jederzeit geliefert werden. Ich vereinbarte einen Termin für den kommenden Samstag und verließ das Geschäft in deutlich besserer Stimmung, als ich es betreten hatte.

Auf meinem Rückweg ging ich noch an der Zoohandlung vorbei und kaufte eine Tüte mit jenen Grünflocken, die Sabrina besonders gern mochte. Angesichts des neuen Sofas war ich nun doch gewillt, ihr zu verzeihen. Als ich dann vor ihrem geöffneten Käfig saß und sie mit den knusprigen Flocken fütterte, kam es mir vor, als würde sich Sabrina gnädigerweise dazu herablassen, *mir* zu vergeben. Nachdem sie eine Handvoll Flocken gefressen hatte, streckte sie sich auf meinem Schoß aus. Und während ich sie zwischen den Ohren und an der Seite kraulte, schwor ich mir, das Tier nie wieder allein und unbeaufsichtigt in der Wohnung herumlaufen zu lassen.

Während der kommenden Tage hatte ich so viel zu tun, daß ich kaum Zeit für Sabrina hatte. Eine Systemumstellung in der Bank erforderte täglich Überstunden, zwei Kollegen feierten ihre Geburtstage, und ich mußte den Abtransport meines alten, ramponierten Sofas organisieren. Zudem hatte ich mich noch dazu durchgerungen, auch den zwölf Jahre alten Couchtisch und meine Stehlampe zu ersetzen, die beide nicht zu dem neuen Sofa passen würden. Vielleicht war das der Grund, weshalb mein Kaninchen erneut kratzbürstig wurde. Es war am Dienstag abend. Ich machte mir gerade in der Küche mein Abendbrot zurecht und merkte daher nicht, daß sie sich während ihres Freilaufs auf einen Stapel alter Zeitschriften stürzte, die in einer Ecke neben meinem Sofa lagen, dort, wo Besucher es nicht sofort sehen können. Als ich schließlich in das Wohnzimmer kam, hatte sie bereits alle Zeitschriften aus der Ecke hervorgezerrt und mit Krallen und Zähnen zerfetzt. Dabei hatte sie das Papier ein paarmal durchgekaut und wieder ausgespuckt wie einen Tabakpfriemen. Um sie herum lagen haufenweise erbsengroße, gut durchfeuchtete Kügelchen.

»Sabrina!« Rasch stellte ich Teller und Glas auf den Couchtisch und nahm ihr die restlichen Zeitungen weg. »Schau nur, wie es hier wieder aussieht. Und wer muß gleich aufräumen und staubsaugen? Du etwa? Jetzt gib schon her. Gib mir diese Zeitung!« Doch Sabrina hörte nicht auf mich. Ich zog und zerrte, aber sie hockte auf der aufgeschlagenen Zeitschrift und fauchte mich böse an. Sie kam mir vor wie meine Mutter, die mich ermahnte, endlich etwas ordentlicher zu werden.

»Du hast ja recht, ich werde aufräumen. Aber nun gib mir endlich die Zeitung.«

Sabrina blinzelte mich an und sprang dann mit einem Satz von der Zeitung. Ich weiß, daß es sich merkwürdig anhört, aber ich schwöre, daß es so gewesen ist: Sabrina wich mir nicht von der Seite, bis ich jede Ecke meines Wohnzimmers aufgeräumt und saubergemacht hatte. Als ich damit fertig war, leckte sie mir die Hand und hüpfte von selbst wieder in den Käfig zurück.

Am Freitag endlich wurden mein Sofa, der kaputte Teppich, die Stehlampe und der Couchtisch abgeholt. Ich hatte meinen Bruder und meinen Schwager für diese Aufgabe gewinnen können. Sie hatten einen Transporter von ihrer Kirchengemeinde geliehen und wollten die kaputten Sachen zu einer Mülldeponie bringen, während die Stehlampe und der Tisch fortan die Jugendräume der Gemeinde zieren sollten. Die beiden waren gerade damit beschäftigt, das Sofa aus der Wohnung zu tragen, als Jean-Luc, mit Einkaufstüten bepackt, nach Hause kam. Er ließ die beiden vorbei und sah ihnen nach, wie sie das Sofa in den Transporter wuchteten. Ein seltsamer Ausdruck lag auf seinem Gesicht, als er mich ansah.

»Hallo, Kathrin«, sagte er mit einem deutlich verunglückten Lächeln. Er war blaß, und ich fragte mich, ob er vielleicht krank war. »Sie ziehen aus?«

Mein Bruder kam zurück. Er nickte Jean-Luc kurz zu und wischte sich den Schweiß von der Stirn.

»Jetzt holen wir den Tisch«, sagte er und ging an mir vorbei in die Wohnung.

»Nein«, sagte ich. »Sabrina hat das Polster meines Sofas ruiniert, so daß ich mir ein neues kaufen mußte. Sie hat ein riesiges Loch hineingefressen.«

»Gott sei Dank!« rief Jean-Luc aus. Im gleichen Augenblick schien er zu merken, was er gerade gesagt hatte, denn seine Wangen färbten sich dunkelrot. »Verzeihung, ich meinte ... Das ist natürlich ... Ich wollte sagen, daß es nicht schön ist für Sie, weil ...«

»In der Tat«, sagte ich kühl. »Das Sofa ist nämlich nicht das einzige, was unter Sabrinas Krallen und Zähnen gelitten hat. Sie hat auch ein Loch in einen Orientteppich gebissen – ein Erbstück meines Onkels, das nun ebenfalls ausrangiert werden muß.«

Das Rot seiner Wangen vertiefte sich, er wagte kaum, mich anzusehen.

»Ich wollte nur ...«

Mein Bruder und mein Schwager kehrten erneut zurück, und ich wandte Jean-Luc den Rücken zu. Als ich mich wieder umdrehte, war er bereits in seiner Wohnung verschwunden.

»Wer war das?« fragte mein Bruder, als er mit der Stehlampe in der Hand wieder aus meiner Wohnung kam.

»Mein neuer Nachbar«, sagte ich. »Warum?«

»Er macht einen sympathischen Eindruck. Ist er verheiratet?«

Meine Wangen begannen zu brennen.

»Das weiß ich nicht. Ich habe ihn noch nicht danach gefragt. Aber selbst wenn, solltest du ...«

Mein Bruder legte mir einen Finger auf die Lippen.

»Kein Grund zur Aufregung, Kathrin. Das war doch nur eine Frage.«

Ich bin von meinem Bruder einiges gewöhnt. Seit ich zweiundzwanzig bin, versuchen er und seine Frau, mich zu verkuppeln, und meist kann ich nur darüber lachen. Aber aus irgendeinem Grund gelang mir das an diesem Tag nicht.

»So verzweifelt bin ich noch nicht, daß ich mich dem erstbesten Nachbarn an den Hals werfen muß!« zischte ich empört. Ich kochte vor Wut. Doch mein Bruder grinste nur.

»Nicht dem ersten, Kathrinchen«, sagte er, und ich

hätte ihn am liebsten erwürgt. Ich bin schließlich nicht mehr drei Jahre alt. »Aber doch wohl dem besten. Denk an meine Worte!«

Er tätschelte mir brüderlich gönnerhaft die Wange und zog dann fröhlich pfeifend mit meiner Stehlampe in der Hand davon. Ich war so wütend, daß es mir glatt die Sprache verschlug.

Als mein Bruder und mein Schwager alles verstaut hatten und den Transporter starteten, war mein Zorn immer noch nicht verraucht. Ich hätte meine Wohnungstür am liebsten mit voller Wucht zugeschlagen, doch ein Blick zur gegenüberliegenden Tür hielt mich davon ab. Vielleicht stand dort Jean-Luc, beobachtete mich durch den Spion und freute sich, daß es ihm gelungen war, mich zu ärgern. Also schloß ich die Tür so leise und sanft wie möglich, obwohl ich mir auf die Fingerknöchel beißen mußte, um nicht doch noch laut zu werden. Ich war wütend auf Jean-Luc, auf meinen Bruder, meinen Schwager, den Gemüsehändler, den Papst ... einfach auf jedes menschliche Wesen auf dieser Welt, das Träger eines Y-Chromosoms war.

Ich ging in mein Wohnzimmer, um mich, wie immer nach solchen aufreibenden Situationen, in mein Sofa fallen zu lassen. Aber da war nichts mehr. Der Raum sah leer aus ohne die gewohnten Möbelstücke. Meine Schritte klangen seltsam laut auf dem Parkett, und ich hatte sogar den Eindruck, so etwas wie ein Echo zu hören. Ich ließ mich neben Sabrinas Käfig nieder und sah mich in dem kahlen Zimmer um.

»Du hast es gut, Sabrina«, sagte ich, öffnete die Käfigtür und hob das Tier auf meinen Schoß. »Du bist ein Kaninchen und brauchst dich um nichts anderes zu kümmern als um dein Fressen. Oder sind Kaninchenmänner auch so unmöglich?«

Sie gab mir keine Antwort, sondern streckte sich wohlig auf meinen Knien aus und mahlte zufrieden mit den Zähnen, während ich ihr den Rücken streichelte. Ich fragte mich, ob ich morgen abend überhaupt zu Jean-Lucs Einweihungsfeier gehen sollte. Die Vase, die ich ihm eigentlich hatte schenken wollen, gefiel mir. Sie würde ebenso gut in mein Wohnzimmer passen. Und Brot und Salz konnte ich auch gebrauchen. Aber hatte er nicht gesagt, daß auch sein Bruder Marc kommen werde?

Beim Gedanken an Marc begann mein Zorn allmählich zu verrauchen. Er hatte mich grüßen lassen. Vielleicht war Jean-Lucs Party *die* Gelegenheit, seinen attraktiven Bruder näher kennenzulernen. Und anstatt weiter zu schmollen, dachte ich an das Kleid, das ich am nächsten Abend anziehen wollte. Ich hatte es mir am Montag nach der Arbeit in einer kleinen Boutique gekauft – ein schwarzes, figurbetontes Kleid mit einem raffinierten Ausschnitt und vielen Reißverschlüssen. Zur Probe zog ich mich um und drehte mich vor meinem Spiegel hin und her. Was ich sah, gefiel mir. Aber ob ich wohl auch Marc gefallen würde? Ich zog das Kleid wieder aus und hängte es an die Schranktür, damit es nicht zerknitterte. Dann nahm ich mir ein paar Kissen und machte es mir mit Block und Bleistift auf dem Boden vor Sabrinas Käfig gemütlich. Die Kerze auf meinem Adventsgesteck brannte, ich zeichnete Sabrina in verschiedenen Positionen und summte dabei »Last Christmas«, das gerade im Radio gespielt wurde. Und während ich so zeichnete, fiel mir eine Geschichte ein. Eine Geschichte über ein hübsches Kaninchenmädchen. Ich riß das oberste Blatt von dem Block und begann zu schreiben. Dann zeichnete ich ein Bild zu dem Text, bevor ich weiterschrieb. Und so ging es weiter. Ich schrieb und zeichnete, zeichnete und schrieb, und ich konnte erst damit aufhören, als die Geschichte zu Ende war und ich keine leeren Blätter mehr hatte. Es war wie ein Rausch. Müde, aber zufrieden streckte ich meine Glieder. Sabrina lag auf ihrem Haus und schlief. Sie wachte sofort auf, als ich aufstand, streckte sich und gähnte so herzhaft wie ein Löwe. Ich holte ihr noch einige Kohlrabiblätter, auf die sie sich stürzte, als ob sie bereits seit zwei Tagen nichts mehr zu fressen bekommen hätte, dann ging ich ins Bett.

Pünktlich um zwei Uhr am nächsten Tag stand der Wagen des Möbelgeschäfts vor dem Haus. Und als dann nur eine knappe Viertelstunde später das neue Sofa an seinem Platz in meinem Wohnzimmer stand, die Möbelpacker gegangen waren und ich noch die neuen Tische und die Stehlampe im Raum anordnete, konnte ich mich von dem Anblick gar nicht mehr losreißen. Es war mir unverständlich, weshalb ich mich nicht schon lange vorher von der klobigen, grellbunten Eckcouch getrennt hatte. Zufrieden ließ ich mich auf das Sofa sinken und strich über die Armlehnen. Das Leder fühlte sich weich und geschmeidig an.

Das einzige, was jetzt noch fehlt, ist ein Sessel, dachte ich. Cremefarben müßte er sein. Ja, ein cremefarbener Arne-Jacobsen-Sessel würde perfekt passen.

Jetzt wollte ich Sabrina mein neues Wohnzimmer zeigen und mich bei ihr bedanken. Auch wenn die Art ihres Beitrags zur Umgestaltung meiner Wohnung mich anfangs nicht in Entzücken versetzt hatte, das Resultat konnte sich sehen lassen. Also stand ich auf und ging ins Schlafzimmer, wo ich sie hingebracht hatte, damit die Möbelpacker nicht über den Käfig stolperten. Das erste, was ich sah, war eine offene Käfigtür und ein leerer Käfig. Mir rutschte das Herz in die Hose. Wo war Sabrina? War sie etwa durch die offene Tür ins Treppenhaus gehuscht? Oder hatte sie sich wieder unter dem Bett versteckt?

Mein Blick wanderte zu meinem Bett. Sabrina hatte sich keinesfalls versteckt. Sie saß mitten auf dem Bett – oder besser gesagt auf meinem neuen Kleid, das ich dorthin gelegt hatte, als ich am Morgen an meinen Kleiderschrank wollte. Es war natürlich *das* Kleid. Jenes Kleid, für das ich fast vierhundert Euro bezahlt hatte und das ich eigentlich an diesem Abend hatte anziehen wollen. Doch dieses Kleid hatte jetzt drei häßliche feuchte, gelbliche Flecken.

»Sabrina!« meine Stimme brach, und ich sank neben meinem Bett auf die Knie. Ich hatte nicht einmal mehr die Kraft, wütend zu sein. Ich hob das Kaninchen von dem Kleid herunter und begutachtete den Schaden. Wenigstens hatte Sabrina keine Löcher in den Stoff gebissen. Die Urinflecken würden sich bestimmt wieder herauswaschen lassen. Aber nicht bis acht Uhr abends! An diesem Abend würde ich das Kleid nicht mehr anziehen können. Ich war den Tränen nahe. Was sollte ich jetzt tun? Etwa nicht zur Party gehen? Aber das kam überhaupt nicht in Frage. Dann würde ich auch Marc nicht wiedersehen. Nein, ich mußte eben etwas anderes anziehen. Ich setzte Sabrina wieder in ihren Käfig.

Wie ist Sabrina nur aus dem Käfig herausgekommen? schoß es mir flüchtig durch den Kopf, während ich den Inhalt meines Kleiderschranks begutachtete. Denn ich hätte schwören können, daß ich die Käfigtür wie immer fest verriegelt hatte. Ob sie es allein geschafft hatte? Mittlerweile traute ich diesem Tier einiges zu. Vielleicht war sie mit ihren Krallen und Zähnen sogar in der Lage, Käfigtüren zu öffnen.

Den Rest des Tages verbrachte ich damit, verschiedene Kleidungsstücke in unterschiedlichen Kombinationen auszuprobieren. Aber das Kostüm war zu bieder, der Hosenanzug zu streng, ein anderes Kleid zu eng …

Nichts gefiel mir. Völlig entnervt zog ich mir schließlich um zehn Minuten vor acht Jeans, ein schwarzes Top und eine schlichte schwarze Strickjacke an. Mir blieb nicht einmal mehr die Zeit, mein Make-up zu erneuern. Hastig versorgte ich Sabrina mit frischen Kohlrabiblättern, wickelte die Vase in Geschenkpapier, nahm das Brot, das Säckchen mit dem Salz und machte mich auf den Weg zur anderen Seite des Flures.

Eine dunkelhaarige Frau in meinem Alter öffnete die Tür.

»Hallo, ich bin Kathrin Jahncke«, sagte ich, und als ich ihren fragenden Blick bemerkte, deutete ich zu meiner Wohnungstür. »Die Nachbarin«, ergänzte ich auf französisch.

»Ah, natürlich!« rief sie aus, wischte sich ihre Hände an der großen Schürze ab, die sie trug, und schüttelte mir die Hand. »Herzlich willkommen! Mein Bruder wird sich freuen. Kommen Sie herein.« Dann verschwand sie wieder in der Küche.

Im Wohnzimmer waren bereits einige Gäste versammelt, die mit Gläsern in den Händen darin herumschlenderten, als sei es eine Galerie. Jean-Luc hockte vor seiner Anlage und legte gerade eine CD ein, während Marc mit lässig ausgestreckten Beinen in dem Sessel saß und sich langsam hin und her drehte, bis sein Blick zur Tür wanderte.

»Guten Tag, Kathrin!« rief er auf französisch und sprang auf. Ich spürte, wie sich alle Augen im Raum mir zuwandten, und fühlte mich, als wären plötzlich Hunderte von Scheinwerfern auf mich gerichtet. Aber Marc schien das nicht zu stören. Er kam auf mich zu, als hätte er nie etwas Schöneres gesehen als gerade mich. Mein Puls beschleunigte sich. Er schüttelte mir die freie Hand und gab sich keine Mühe, den Blick zu verbergen, mit dem er mich von Kopf bis Fuß musterte. Dann nickte er, so als hätte ich seine Prüfung bestanden. »Ich freue mich, dich wiederzusehen.«

»Danke«, erwiderte ich und versuchte, ebenso strahlend und gewinnend zu lächeln wie er. Daß er mich duzte, fand ich überaus schmeichelhaft. »Ich freue mich auch.«

Er hielt meine Hand immer noch fest, als wolle er sichergehen, daß ich nicht weglief, und wandte sich um.

»Sieh mal, Jean-Luc!« rief er viel lauter, als es nötig gewesen wäre, und zog mich hinter sich her. »Sieh mal, wer hier ist! Deine Nachbarin Kathrin!«

Jean-Luc erhob sich.

»Ich gehe und hole ein Glas«, und im gleichen Augenblick war Marc auch schon verschwunden.

Jean-Luc fuhr sich verlegen durch das Haar.

»Verzeihen Sie, Kathrin, mein Bruder ist manchmal ein wenig ...«, er stockte, als müßte er erst nach dem Wort suchen, »... überschwenglich.«

Ich lächelte nur. Dann drückte ich ihm meine Geschenke in die Hand.

»Alles Gute in Ihrem neuen Heim«, sagte ich und deutete auf das Brot. »Ein deutscher Brauch: Brot und Salz, damit sie immer im Hause vorhanden sein mögen.«

»Danke. Aber ...« Er stockte wieder. »Ich hoffe nur, daß es Ihnen heute abend hier gefällt. Es wird wohl nur französisch gesprochen werden.«

Ich versicherte ihm, daß es mir nichts ausmache, dann stellte er mir die anderen Gäste vor. Es waren ausnahmslos Verwandte und enge Freunde aus Paris.

»Mein Bruder Mathieu konnte leider nicht kommen. Aber dafür hat Marc meine Schwester Valérie mitgebracht«, sagte Jean-Luc, als die Frau hereinkam, die mir die Tür geöffnet hatte, und mit lautem Händeklatschen zu Tisch bat. »Sie hat sich glücklicherweise um das Essen gekümmert. Ich selbst bin leider ein grauenhafter Koch.«

Es war ein wunderbares Essen. Ich hatte schon lange nicht mehr soviel gelacht wie an diesem Abend, auch wenn ich nicht immer jedes Wort der Unterhaltung verstand. Aber es war wie mit dem Zeichnen: Mit der Zeit wurde es besser. Nach dem Essen verteilten sich die Gäste in der Wohnung. Einige blieben am Eßtisch sitzen, zwei gingen mit Jean-Luc auf die Terrasse, Valérie verschwand wieder in der Küche, und Marc nahm den Sessel in Beschlag. Ich setzte mich auf das Sofa und nutzte die Gelegenheit, mir den Raum genau anzusehen, der das letztemal, als ich hier gewesen war, noch mit Kartons vollgestellt war.

»Gefällt Ihnen das Zimmer?« fragte Valérie, die gerade aus der Küche kam und neben mir auf dem Sofa Platz nahm. Ich nickte.

»Ja«, sagte sie und nickte ebenfalls. »Jean-Luc hat einen sehr guten Geschmack. In allen Dingen.« Sie warf mir einen seltsamen Blick zu, und ich spürte, daß ich rot wurde, auch wenn ich nicht hätte sagen können, weshalb. Valérie zündete sich eine Zigarette an, streifte ihre Schuhe ab und zog die Füße auf das Sofa. »Ich muß gestehen, daß ich Jean-Luc nicht nach Deutschland gehen lassen wollte. Aber jetzt … Ich glaube, daß er hier glücklich wird. Verdient hätte er es.« Vielleicht stand die Frage so deutlich auf meinem Gesicht geschrieben, daß Valérie sie mir sofort beantwortete. »Jean-Luc war zweiundzwanzig, als seine Freundin starb. Ein Autounfall. Die beiden kannten sich seit der Vorschule, sie wollten heiraten.« Sie blies den Rauch zur Decke und zuckte mit den Schultern. »Mein Bruder ist ein Idealist, wissen Sie, er glaubt immer noch an die große Liebe. Und seit dem Tod seiner Freundin …« Sie schüttelte den Kopf. »Marc versucht ihm ›zu helfen‹, wie er es nennt. Er schleppt ein Weibsstück nach dem anderen an und gibt Jean-Luc heiße Tips. Meist ohne Erfolg.

Aber Jean-Luc wird seinen Weg schon gehen. Irgendwann, davon bin ich fest überzeugt, wird er die Frau seines Lebens finden.« Wieder warf sie mir diesen komischen Blick zu.

»Und was ist mit Marc?« fragte ich und spürte, daß ich rot wurde. »Hat er die Frau seines Lebens schon gefunden?«

Valérie warf den Kopf in den Nacken und lachte laut. »Marc? O nein! Er hat eine unglaubliche Anziehungskraft auf das weibliche Geschlecht, und die Liste seiner Liebschaften ist so umfangreich wie das Pariser Telefonbuch. Aber fest binden wird der sich nie – sehr zum Kummer meiner Mutter.« Sie schüttelte erneut den Kopf. »Verzeihen Sie, Kathrin. Sie müssen uns für einen ziemlich verdrehten Haufen halten.«

»Nein, keineswegs«, erwiderte ich rasch. Wir wechselten das Thema, und die anderen stießen einer nach dem anderen zu uns, bis wir schließlich zu zwölft beisammensaßen und wirklich über Gott und die Welt diskutierten und uns die Köpfe heiß redeten. Als ich einen Blick auf die Uhr warf, stellte ich erstaunt fest, daß es bereits halb drei war. Um nicht aufdringlich zu erscheinen, schließlich würden die anderen vermutlich bei Jean-Luc übernachten, erhob ich mich schweren Herzens. Ich verabschiedete mich, und Jean-Luc begleitete mich noch zur Tür, während das Gespräch im Wohnzimmer fortgesetzt wurde.

»Danke«, sagte ich. »Es war ein schöner Abend.«

»Ich habe zu danken«, erwiderte Jean-Luc lächelnd. »Für das Geschenk und für Ihren Besuch.«

Er legte seine Hände auf meine Schultern, gab mir rechts und links einen Kuß auf die Wange, wie es in Frankreich unter Freunden üblich ist, und küßte mich dann auf den Mund. Es fühlte sich so natürlich und vertraut an, daß ich, ohne darüber nachzudenken, den Kuß erwiderte. Endlich zwang ich mich, mich von ihm zu lösen.

»Gute Nacht!« sagte ich hastig und flüchtete in meine Wohnung. Als ich die Tür hinter mir geschlossen hatte, lehnte ich mich gegen das Holz. Meine Knie zitterten. Ich fühlte mich plötzlich seltsam schwach, alles drehte sich. Hatte ich zu viel Wein getrunken? Oder lag es an Jean-Lucs Rasierwasser, einem seltsam betörenden Duft, wie ich ihn nie zuvor gerochen hatte? Ich wankte ins Wohnzimmer. Im Gegensatz zu Jean-Lucs von Leben, Rauch und erregten Stimmen angefüllten Räumen kam mir meine Wohnung leer und beinahe leblos vor. Ich ließ mich vor Sabrinas Käfig auf die Knie sinken. Sie sah mich interessiert an, so als wollte sie fragen, wie die Party gewesen sei.

»Sabrina«, sagte ich, öffnete die Käfigtür und hob sie auf meinen Schoß, »Ich muß dir etwas erzählen: Jean-Luc hat mich geküßt.«

Am nächsten Morgen erwachte ich spät. Ich hatte nicht besonders gut geschlafen. Immer wieder war ich aufgewacht und hatte mich im Bett herumgewälzt. Und wenn ich dann doch eingeschlafen war, hatte ich lebhaft geträumt: In diesen Träumen war ich zehn Jahre alt und stand im Schwimmbad auf dem Dreimeterbrett. Tief unter mir war das eiskalte Wasser, und hinter mir stand jemand, den ich nicht sehen konnte – dafür konnte ich ihn um so besser hören. »Spring, Kathrin«, sagte die Stimme. »Trau dich und spring. Es kann dir nichts passieren.«

Als ich dann endlich um elf Uhr aufstand, fühlte ich mich wie gerädert. Ich machte mir einen Kaffee und schmierte mir eine Scheibe Toast, doch Appetit hatte ich keinen. Mit jedem Bissen, mit jedem Schluck fragte ich mich, weshalb ich das nur getan hatte. Warum um alles in der Welt hatte ich mich von Jean-Luc küssen lassen? Natürlich war Jean-Luc unglaublich sympathisch, er war sehr warmherzig, intelligent, und häßlich war er auch nicht, aber ... Es paßte nicht. Nicht jetzt. In wenigen Wochen würde ich meine Ausbildung in Berlin beginnen. Ich hatte zwar meinem Chef immer noch nicht zugesagt, aber ich war fest entschlossen. Eine Chance wie diese würde sich mir nie wieder bieten. Hier war eine Weiche für mich gestellt worden, die mich auf ganz andere Gleise führen würde – in die große Welt der Finanzen. Da war gerade jetzt kein Platz für eine Beziehung. Aber wie sollte ich das Jean-Luc beibringen? Mein Magen drehte sich um.

Sabrina rumorte in ihrem Käfig. Den Geräuschen nach zu urteilen, war sie wütend und wollte mich daran erinnern, daß *sie* noch kein Frühstück bekommen hatte. Ich versorgte sie und ging dann auf meine Terrasse. Ein bißchen frische Luft würde vielleicht helfen, meine Gedanken zu sortieren. Doch ich täuschte mich. Denn als ich auf meine Terrasse trat, stand ausgerechnet Jean-Luc auf seiner. Ich wollte mich schon heimlich zurückziehen in der Hoffnung, daß er mich nicht gesehen hätte, doch in diesem Augenblick begann Sabrina wieder ihren Futternapf durch den Käfig zu werfen. Jean-Luc hörte das Klappern und drehte sich um.

»Guten Morgen! Gut geschlafen?« sagte er mit einem Lächeln, das mir schier die Kehle zuschnürte. Meine Eingeweide zogen sich zu einem schmerzhaften Klumpen zusammen. Wie sollte ich ihm nur sagen, was ich sagen wollte?

»Danke«, sagte ich gezwungen fröhlich. Plötzlich sah ich mich wieder auf dem Dreimeterbrett stehen, und hinter mir flüsterte die Stimme: »Spring, Kathrin! Trau dich!«

»Ehrlich gesagt, habe ich überhaupt nicht gut geschlafen«, begann ich und vermied es, ihn dabei anzusehen. »Wahrscheinlich habe ich gestern zuviel getrunken. Ich weiß nicht einmal mehr, wie ich in meine Wohnung gekommen bin.«

Jean-Luc wandte den Kopf ab und sah auf den Rasen. Er blinzelte wie jemand, der aus einer Trance erwacht und nicht weiß, wo er sich gerade befindet.

»Ja«, sagte er schließlich langsam. »Mir ist es ähnlich ergangen.« Sein Lächeln wirkte gezwungen. »Wenn Sie möchten, kommen Sie doch nachher zum Kaffee. Die anderen sind schon fort. Aber Valérie und Marc werden erst heute abend abreisen.«

Mir war übel.

»Nein, danke, ich muß heute noch arbeiten. Am Computer.«

Er nickte.

»Gut, einen schönen Tag. Erholen Sie sich.«

Jean-Luc wandte sich um und ging. Ich hörte, wie er die Terrassentür hinter sich zuzog, und wankte ebenfalls wieder in meine Wohnung. Den ganzen Nachmittag ging mir nichts von der Hand. Ich konnte mich nicht konzentrieren. Immer wieder schweiften meine Gedanken ab. Gegen sieben Uhr abends hörte ich dann, wie sich Valérie und Marc von Jean-Luc verabschiedeten. Durch die heruntergelassenen Jalousien beobachtete ich, wie die beiden in Valéries Auto stiegen und Jean-Luc ihnen nachwinkte. Er wirkte so verlassen, so traurig. Vielleicht sollte ich ihn trösten ... Spring, Kathrin, spring!

Ich wandte mich ab und machte mir Abendbrot.

In den folgenden Tagen war ich sehr beschäftigt. Die Überstunden in der Bank hatten zwar abgenommen, das neue System schien gut zu laufen, aber dafür war mir klargeworden, daß es nur noch sieben Tage bis Weihnachten waren und ich noch bei weitem nicht alle Weihnachtsgeschenke hatte. Eigentlich bin ich ein Fan von Weihnachten. Ich liebe es, Geschenke für alle Freunde und Verwandte auszusuchen, meine Wohnung mit Misteln, Christbaumkugeln und Engeln zu schmücken, den Weihnachtsbaum zu kaufen und ein Festessen für meine Freunde am zweiten Feiertag zu planen. Meist fange ich sogar schon im November damit an. Aber dieses Jahr lief irgendwie alles anders. Vielleicht wegen Sabrina. Abgesehen von den Sachen, die ich in New York eingekauft hatte, hatte ich noch nichts, und mir fehlten noch viele Kleinigkeiten. Deshalb hetzte ich jeden Abend bis zum Ladenschluß durch die Kaufhäuser der Hamburger Innenstadt. Wenn ich dann nach Hause kam, traf ich ein überaus schlechtgelauntes Kaninchen an. Sabrina knurrte und fauchte, wenn sie mich sah, und wenn ich den Käfig öffnete, um sie herauszunehmen, sträubte sie sich, zappelte wie eine Wahnsinnige und kratzte mich. Einmal biß sie mir sogar in den Finger. Was ich falsch gemacht hatte, konnte ich beim besten Willen nicht sagen. Ich hatte nur das Gefühl, daß sie unzufrieden mit mir war.

Jean-Luc sah ich in diesen Tagen selten. Manchmal traf ich ihn im Treppenhaus oder an den Müllcontainern. Wir grüßten uns und wechselten ein paar freundliche, unverbindliche Worte. Das war aber auch schon alles. Jedesmal jedoch, wenn ich ihn traf, fühlte ich mich hinterher elend. Es war die merkwürdigste Vorweihnachtszeit, die ich jemals erlebt hatte.

Am Mittwoch vor Weihnachten klopfte Jean-Luc an meine Tür.

»Ich fahre morgen früh nach Paris«, sagte er ohne große Einleitung. Seine Stimme klang seltsam heiser. »Ich werde die Feiertage bei meinen Eltern verbringen.«

Ich nickte wie betäubt.

»Könnten Sie bitte meine Wohnung hüten, Kathrin? Ich meine, nur schauen, daß alles in Ordnung ist, und vielleicht den Briefkasten leeren?«

»Ja, natürlich«, krächzte ich und lächelte schwach.

Umständlich nestelte er einen Schlüssel von seinem Bund und gab ihn mir zusammen mit einem Zettel.

»Die Telefonnummer meiner Eltern und meine Handynummer.« Er kratzte sich verlegen am Kopf. »Nur für alle Fälle ...«

»Spring, Kathrin! Spring!« flüsterte die Stimme in meinem Kopf, während ich auf die Nummern und den Schlüssel in meiner Hand starrte. Aber wohin sollte ich springen?

»Geht klar«, sagte ich und zwang mich zu einem Lächeln.

Er nickte und wandte den Blick ab.

»Gut, dann ... schöne Weihnachtstage, Kathrin.«

»Danke, gleichfalls. Und gute Fahrt.«

Er wandte sich um und ging zurück in seine Wohnung. Meine Tür schien das Gewicht einer Panzertür zu haben, ich konnte sie kaum schließen. Warum fühlte ich mich nur so schlecht, warum? Weil Jean-Luc nach Frankreich fuhr? Aber was ergab das für einen Sinn? Er war schließlich Franzose. Seine ganze Familie, seine Freunde, alle, die er liebte und mochte, lebten in Paris.

In der Nacht lag ich wach und starrte an die Decke. In dieser Nacht wurde mir einiges klar. Ich wollte nicht, daß Jean-Luc nach Frankreich fuhr. Ich wollte mich mit ihm unterhalten, mit ihm lachen – und ihm am Heiligabend das Geschenk überreichen, das ich für ihn vorbereitet hatte: ein kleines, in Leder gebundenes Notizbuch, in das ich Zeichnungen von Hamburg gemalt und diverse Tips und Gutscheine geklebt hatte, damit er seine neue Heimat etwas besser kennenlernen konnte. Ich wollte ... Aber es war zu spät.

Ich hörte, wie er um halb sechs Uhr morgens das Haus verließ. Ich hörte sogar, wie er die Kofferraumklappe und die Autotür zuschlug. Erst als er den Motor anließ, kam ich in Bewegung. Ich stürzte zum Fenster und sah gerade noch, wie er den Blinker setzte und in die nächste Straße in Richtung Autobahn abbog.

Völlig entkräftet sank ich auf mein Bett.

Zwei Tage schleppte ich mich noch in die Bank, dann waren die Weihnachtstage gekommen. Den ersten Feiertag würde ich wie gewohnt gemeinsam mit meinen Geschwistern und deren Familien bei meinen Eltern verbringen, und am zweiten Feiertag traf ich mich mit Freunden. Aber Heiligabend würde ich allein zu Hause sein. Nun denn, trotzig, wie ich nun mal bin, beschloß ich, mir diesen Tag so schön wie nur möglich zu machen. Außerdem war ich gar nicht allein. Ich hatte schließlich noch Sabrina. Ich nutzte den Samstag, um Lebensmittel, einen Tannenbaum und reichlich Kaninchenfutter einzukaufen, zu putzen und den Weihnachtsschmuck herauszuholen. In der Zoohandlung hatte ich Futter in Kugel- und Sternchenform entdeckt, das ich zusammen mit ein paar Möhren an die unteren Zweige binden wollte. Und als ich dann die Garnitur herrlich kitschiger Christbaumkugeln und Girlanden auspackte, die ich in New York gekauft hatte, kam bei mir doch noch Weihnachtsstimmung auf, so daß ich mir sogar eine meiner CDs auflegte und bei »Last Christmas« und »Rockin'around the Christmastree« aus voller Kehle mitsang. Gegen Abend schleppte ich dann den Tannenbaum von der Terrasse herein. Es war ein gutes Stück Arbeit, den schweren, ausladenden Baum aufzurichten und ihn so in den Christbaumständer einzupassen, daß er auch wirklich geradestand. Aber schließlich schaffte ich es. Ich holte Sabrina aus dem Käfig, nahm sie auf meinen Arm und begutachtete zufrieden mein Werk.

»Ist der Baum nicht wundervoll?« fragte ich sie leise. »Wir zwei machen uns morgen einen richtig schönen Tag«, fügte ich hinzu. »Wenn nur …«

Ich sprach den Satz nicht zu Ende. Ich dachte ihn nicht einmal zu Ende. Ich seufzte nur. Aber ich hatte das Gefühl, daß Sabrina mich auch so verstand.

Ich schlief wie ein Stein. Als ich jedoch aufwachte, hatte ich das sichere Gefühl, daß etwas nicht stimmte. Irgend etwas war falsch. Ich sah auf die Uhr. Es war halb elf. Das war in Ordnung. Es war Heiligabend, ich brauchte nicht zu arbeiten, niemand würde mich hetzen und … Sabrina.

Ich setzte mich mit einem Ruck im Bett auf. Sabrina hatte nicht wie gewohnt mit ihrem Napf geklappert. Oder hatte ich so fest geschlafen, daß ich es nicht gehört hatte? Voll böser Ahnung ging ich ins Wohnzimmer – der Käfig war leer, die Tür stand weit offen. Ich kroch auf allen vieren durch das Wohnzimmer, schaute in jeden Winkel, in jede Kiste, in jedes Regal. Ich durchsuchte die ganze Wohnung. Sabrina war verschwunden.

Und dann entdeckte ich, daß meine Terrassentür einen winzigen Spalt offenstand. In Windeseile zog ich mich an. Den Tränen nahe, stürzte ich auf die Grünfläche. Ich suchte jedes Gebüsch ab, drehte jeden Grashalm zweimal um – keine Spur von Sabrina. Ich schaute sogar auf den Terrassen der Nachbarn nach, auch wenn mich eine Frau aus dem Nebenhaus sehr argwöhnisch dabei beobachtete. Aber mir war das egal. Sollte sie doch die Polizei rufen, ich wollte mein Kaninchen wiederhaben, meine Sabrina! Doch es half nichts. Sabrina war weg. Einfach fort!

Ich taumelte in meine Wohnung zurück und ließ mich auf das Sofa sinken, das wunderbare Sofa, das ich allein Sabrina zu verdanken hatte. Ich starrte den leeren Käfig an. Dann den Tannenbaum. Vielleicht kam sie ja wieder.

Ich raffte mich auf und begann den Baum zu schmücken. Ich hing die Lichterkette, Christbaumkugeln und Girlanden in die Zweige. Zum Schluß steckte ich junge Möhren in Kerzenhalter und befestigte sie im unteren Teil des Baumes. Ich stach Löcher in das Kaninchenfutter, fädelte Bindfäden hindurch und hängte es in den Baum. Ich hätte mir ein Kaninchenkostüm angezogen oder den Baum in Möhrenform geschnitten, wenn Sabrina nur zurückgekommen wäre. Doch sie blieb verschwunden. Als sie dann auch noch im Radio »Have Yourself a Merry Little Christmas« spielten, begann ich hemmungslos zu heulen. Was hatte ich verbrochen? Reichte es nicht, daß Jean-Luc fort war, mußte nun auch noch Sabrina davonlaufen? War ich so ein schrecklicher Mensch, daß es kein Lebewesen länger in meiner Nähe aushielt? Wofür sollte ich bestraft werden?

Ich warf mich aufs Sofa und vergrub mein Gesicht in den Kissen. In diesem Augenblick klingelte es an der Tür.

Geh weg, dachte ich und schluchzte. Ich kann jetzt keinen Besuch gebrauchen.

Doch es klingelte wieder und wieder. Schließlich schlurfte ich zur Tür. Notdürftig wischte ich mir mit dem Ärmel die Tränen von der Wange. Ich öffnete und traute meinen Augen nicht. Vor mir stand …

»Jean-Luc!« rief ich so laut, daß es im ganzen Treppenhaus widerhallte. Und dann fiel mein Blick auf etwas, das er im Arm hielt. Es war weiß, hatte große, dunkle Augen und einen dunkelbraunen Strich auf dem Rücken. »Sabrina!«

Behutsam setzte Jean-Luc sie mir in die Arme, und die Tränen strömten über meine Wangen. Ich heulte wie ein Schloßhund.

»Sie saß in meinem Wohnzimmer.«

»Aber wie …«

Er zuckte mit den Schultern. Dann wischte ich mir die Tränen von den Wangen.

»Komm«, sagte ich. »Komm herein.«

Ich führte ihn ins Wohnzimmer. Er sah den Baum, und ein seltsamer Ausdruck lag auf seinem Gesicht. Es sah aus, als wüßte er nicht, ob er lachen oder weinen sollte.

»Du hast Kaninchenfutter in die Zweige gehängt«, sagte er schließlich und deutete auf die Möhren. Ich setzte Sabrina auf den Boden und sogleich begann sie die Leckereien zu beschnuppern.

Dann fiel mir ein, daß Jean-Luc in diesem Augenblick eigentlich in Frankreich sein sollte.

»Warum bist du nicht bei deiner Familie?« fragte ich und spürte, daß mein Herz heftig klopfte.

»Ich hab es nicht ausgehalten«, sagte er mit heiserer Stimme und schüttelte langsam den Kopf, seine Augen begannen zu schimmern. »Ich konnte nicht. Ich bin herumgelaufen wie ein Tiger im Käfig, und da habe ich meine Sachen gepackt und bin wieder zurückgefahren. Ich bin zurückgekommen, weil ich dir etwas sagen muß, Kathrin.« Er sah mich an und eine wilde Entschlossenheit trat in seine Augen. »Ich liebe dich. Ich habe eine ganze Weile gebraucht, um das herauszufinden. Aber so ist es nun einmal. Ich liebe dich.«

Mein Herz setzte ein paar Schläge lang aus. Und inmitten der Stille hörte ich wieder die Stimme: Spring, Kathrin, spring! Und ich wagte es. Ich sprang.

»Ich liebe dich auch«, sagte ich ruhig und küßte ihn.

Es war eines der schönsten Weihnachtsfeste, die ich je erlebt hatte. Obwohl Sabrina endgültig verschwand. Als Jean-Luc und ich am nächsten Morgen aufstanden, war sie fort. Die Käfigtür war offen. Wir fanden sie weder in meiner noch in Jean-Lucs Wohnung. In der Nacht hatte es geschneit – nicht viel, höchstens einen Zentimeter. Aber die Schneedecke reichte aus, um Spuren zu sehen.

Kaninchenspuren. Sie führten von meiner Terrassentür fort über den Rasen in den Garten. Wir zogen uns an und folgten den Spuren, die uns direkt zur Sandkiste führten. Und dort hörten sie plötzlich auf, so als hätte sich Sabrina an dieser Stelle einfach in Luft aufgelöst. Wir haben sie nie wieder gesehen.

Ich erwachte aus meinen Erinnerungen. Vor mir im Schaufenster stand der Weihnachtsbaum, und ich dachte an ein hübsches weißes Kaninchen mit einem braunen Streifen auf dem Rücken. Ich war keine Fondsmanagerin geworden, und ich reiste auch nicht jedes Jahr einmal um die Welt. An jenem Weihnachtsabend hatte ich mich anders entschieden. Statt dessen schrieb und illustrierte ich Bücher. Kinderbücher. Und ich hatte selbst Kinder, obgleich es nicht vier waren.

»Sieh nur, Marie, dort ist Mama!« rief eine männliche Stimme mit einem wunderbaren französischen Akzent.

Meine Tochter hüpfte mir mit strahlendem Lächeln entgegen, während Jean-Luc die Karre vor sich her schob, in der Gerard den gesunden Schlaf eines Dreijährigen schlief, der sich einen ganzen Vormittag lang auf dem Weihnachtsmarkt vergnügt hatte.

»Mama! Was schaust du dir an?«

Dann sah Marie den geschmückten Weihnachtsbaum im Schaufenster. »Guck mal, Papa!« rief sie. »Ein Weihnachtsbaum für Tiere!«

Jean-Luc betrachtete den Baum, und ich konnte sehen, daß er dasselbe dachte wie ich. Sein Gesicht wurde weich, und seine Augen schimmerten. Er legte zärtlich einen Arm um mich und gab mir einen Kuß.

»Das Kaninchen, das vom Himmel kam«, sagte er und zitierte damit den Titel des ersten Kinderbuchs, das ich geschrieben hatte. Es war ein Buch über einen Engel, der in Gestalt eines Kaninchens auf die Erde geschickt worden war. Das Kaninchen in dem Bilderbuch ähnelt in mancherlei Hinsicht Sabrina, obwohl sie natürlich kein Engel, sondern ein ganz gewöhnliches Kaninchen war.

Manchmal allerdings bin ich mir nicht sicher.

Petra Schier
Ein Opa unterm Weihnachtsbaum

»Nein, Chester! Aus!«

Die drei Worte knallten wie Pistolenschüsse in meine Richtung und warfen mich beinahe um. Im Ernst, die Menschen machen sich keine Vorstellungen davon, wie weh uns Hunden laut kreischende Stimmen tun. Jedenfalls legte ich die Ohren an und ließ auch sofort die kleine Plastikpuppe fallen, die ich gerade auf dem Flurteppich hatte zerbeißen wollen. Dabei sah sie doch fast genauso aus wie die, die Herrchen Thomas mir zum Spielen gegeben hatte. Na gut, diese hier war ein bißchen kleiner, und ich hatte sie in der Kiste auf dem Treppenabsatz gefunden. Wo war der Unterschied? In der Kiste lagen noch viele andere Spielsachen.

Frauchen Bettina riß die Plastikfigur an sich.

»Du Schlimmer«, rief sie. »Du hast Josef den Kopf abgebissen. Das geht doch nicht. Wie soll ich denn eine Krippe aufbauen ohne den heiligen Josef? Jetzt muß ich einen neuen besorgen.« Sie schüttelte streng den Kopf. »Noch nie ist mir ein Hund untergekommen, der so viel kaputtmacht. Hätte ich das gewußt …« Sie brachte den Satz nicht zu Ende, sondern warf, als ich sie mit vor Schreck weit aufgerissenen Augen anstarrte, plötzlich das kopflose Plastikfigürchen beiseite und lachte los.

»Das glaubt mir kein Mensch!« prustete sie. »Mein Hund hat den heiligen Josef gefressen! Du bist schon ein Schlimmer«, wiederholte sie.

Erleichtert, daß sie nicht mehr diese böse Stimme hatte,

legte ich mich hin und zeigte ihr meinen Bauch. Der größte Vertrauensbeweis eines Hundes. Sie kraulte mich ein bißchen und lächelte sogar dabei. Ich liebe es, wenn Menschen mich anlächeln. Vor allem mein Frauchen.

»Du mußt endlich aufhören, alles zu zerbeißen, was du findest«, sagte sie, gab mir einen Klaps und ging zurück in die Küche. Den heiligen Josef nahm sie mit. Was soll's. Ich hatte ja nun begriffen, daß ich den nicht haben durfte.

Auf das braune Gummischweinchen hatte ich allerdings auch keine Lust, deshalb folgte ich ihr in die Küche. Vielleicht gab es dort ja ein Leckerchen für mich.

Nach meiner Erfahrung muß ich in der Küche nur lange genug ausharren, um etwas zugesteckt zu bekommen. Nun ja, Erfahrung ist vielleicht ein wenig übertrieben, denn ich wohne erst seit etwas mehr als einem Monat hier. Vorher war ich im Gefängnis. Tierheim nennen die Menschen das wohl. Dort bin ich zur Welt gekommen, und zwei lange Jahre mußte ich warten, bis mich meine neue Familie befreit hat.

Es war nicht wirklich schlimm dort, wenn man mal von den öden Zwingern absieht und von dem Lärm. Immerhin durfte ich einmal am Tag mit einem unserer Wärter auf die Wiese oder in den Park. Aber hier gefällt es mir viel, viel besser. Gleich hinter dem Haus gibt es nämlich einen Garten mit großen Bäumen, die ich regelmäßig markiere. Am hinteren Zaun kann man außerdem herrlich in der Erde buddeln, auch wenn Frauchen das nicht so gerne mag und jedes Mal furchtbar schimpft. Hinter dem Zaun liegen Felder, über die ich mit Herrchen schon oft gerannt bin. Und sogar einen Bach haben wir in der Nähe, den ich manchmal zum Baden benutze.

Für dieses Hundeparadies bin ich meiner Familie sehr dankbar. Und dafür, daß sie die ersten waren, die mich nicht ausgelacht haben, als sie mich zum erstenmal sahen.

Ich bin nämlich das, was die Menschen einen Mischling nennen. Mein Vater ist ein Schäferhund, und so sehe ich auch aus. Meine Mutter ist allerdings ein Cockerspaniel, und von ihr habe ich nur eines geerbt: die großen Schlappohren. Dafür kann ich doch nun wirklich nichts, oder? Jedenfalls haben sie nicht gelacht, sondern mich auf die lange Fahrt mit in ihr Zuhause genommen. Mein Zuhause. Und weil sie das taten, habe ich beschlossen, der beste Familienhund zu werden. Sie sind jetzt *meine* Familie, *mein* Rudel.

In der Küche roch es merkwürdig. Süß und köstlich. Kekse! Frauchen war wohl gerade dabei, welche zu backen. Aber da war noch etwas: Tannengeruch. Tannen in der Küche? Am Tisch neben dem Fenster saßen die beiden Kinder der Familie, Max und Maya, und hantierten mit grünen Zweigen. Genauer gesagt hantierte Max damit, denn er war der Ältere, schon zehn Jahre alt. Maya war erst vier. Sie patschte ein ums andere Mal mit ihren kleinen Händen auf die Zweige und die bunten Kugeln, die ich dazwischen erspähen konnte. Neugierig, wie ich nun mal bin, stellte ich die Vorderpfoten auf Max' Stuhl und schnupperte über die Tischkante. Schließlich hatte ich noch nie erlebt, daß der halbe Wald bei uns in der Küche lag. Max lachte.

»Mama, schau mal, Chester will helfen, den Weihnachtsschmuck zu basteln.«

»Runter da, Chester«, rief Frauchen prompt, und ich ließ mich wieder auf den Boden plumpsen. »Helfen will er bestimmt nicht, eher ein Plätzchen abstauben.«

»Will ihm eins geben!« rief Maya und grapschte wieder über den Tisch, diesmal wohl in den Keksteller.

»Nein!« Frauchen war leider sehr streng. Enttäuscht ließ ich die Ohren hängen und legte Max den Kopf aufs

Bein. Er lachte wieder und Frauchen seufzte. »So ein Bettler.« Sie öffnete den Schrank unter der Spüle und holte einen Hundekuchen hervor. Na bitte, besser als nichts! Während ich ihn unter dem Tisch verspeiste, lauschte ich dem Gespräch der drei, das sich um etwas drehte, das sich Weihnachten nannte. Dieses Wort hatte ich schon gehört. Im Tierheim wurde uns an dem Tag, den die Wärter Weihnachten nannten, ein besonders leckeres Futter gegeben. Futter, dachte ich, das ist immer gut. Aber aus den Gesprächen erfuhr ich auch, daß es bei Weihnachten anscheinend um mehr als ums Schlemmen ging. Jedenfalls für meine Familie. Da war die Rede von Zweigen – die hatte ich ja schon gesehen –, von Wunschzetteln und Geschenken, von einem Baum und einer Krippe. Was das wohl zu bedeuten hatte? Es hörte sich sehr aufregend an. Bestimmt würde Weihnachten ein großer Spaß werden.

Beinahe wäre ich unterm Tisch eingeschlafen, doch Mayas helle Stimme riß mich wieder aus meinen Träumen.

»Bringt mir der Nikolaus die Minimaus?«

»Das weiß ich nicht«, antwortete Frauchen. »Die Minimaus ist ein großes Geschenk, da braucht der Nikolaus vielleicht ein bißchen Hilfe.«

»Ich will aber die Maus!«

Ich hob den Kopf. Diesen Ton kannte ich. Maya begann zu quengeln. Ich überlegte gerade, ob ich um meiner empfindlichen Ohren willen ins Wohnzimmer auswandern sollte, da schnitt Frauchen ihr bereits das Wort ab.

»Wenn du nicht lieb bist, wird der Nikolaus dir keine Maus bringen.«

»Und wenn ich lieb bin?« Nun klang Maya wieder weitaus ruhiger, aber auch ein bißchen ängstlich. Ich entspannte mich und legte den Kopf auf meine Pfoten.

Frauchen schien am Herd beschäftigt zu sein, denn es dauerte eine Weile, bis sie antwortete.

»Auch dann kann ich dir das nicht versprechen, mein Schatz. Die Minimaus ist wirklich ein großes Geschenk, da braucht der Nikolaus eine Menge Hilfe.«

»Und wenn ihm der Knecht Rupet hilft?«

»Knecht Ruprecht heißt das«, warf Max ein und schnaubte. »Der hilft dem Nikolaus nur, die bösen Kinder zu bestrafen, das weißt du doch, du Dummerchen. Der bringt keine Geschenke, sondern eine Rute, mit der er dich dann versohlt.«

»Max!« Frauchen drehte sich zu den Kindern um. »Laß deine Schwester in Ruhe und hilf mir lieber, die Plätzchen in die Dosen zu verteilen.«

»Ich will auch helfen!« quietschte Maya und zappelte auf ihrem Stuhl.

»Na gut, dann leg du bitte die Schokoladenplätzchen in diese Dose.« Es raschelte und klapperte auf dem Tisch. Wie gerne hätte ich eines von den Plätzchen probiert! Doch da war nichts zu machen. Die Kinder waren bereits eifrig dabei, die süßen Leckereien auf die Dosen zu verteilen. Frauchen ging wieder zum Herd und hantierte an den Knöpfen herum.

»Wir machen gleich noch leckere Karamelbonbons«, verkündete sie. »Ihr dürft abwechselnd rühren, wenn ihr wollt.«

»Ja, ich will, ich will, ich will!« jubelte Maya, während Max nur brummte: »Nö, keine Lust. Mama, muß ich noch weiter helfen oder kann ich rausgehen? Der Schmuck ist doch jetzt fertig.«

»Na, dann geh mal. Wir schaffen das auch zu zweit, was, Maya?« Frauchens Stimme klang belustigt. Max sprang auf und wäre mir beinahe auf den Schwanz getreten. Rasch rollte ich mich unter dem Tisch zusammen, doch da traf mich auch schon eines der Stuhlbeine am Rücken, als Max den Stuhl schwungvoll an den Tisch schob. Ich gab ein empörtes »Wuff!« von mir.

»Tschuldigung, Chester«, rief er und stob aus der Küche. Wenig später ging die Haustür.

Eine Zeitlang beobachtete ich Frauchen von meinem Platz aus, wie sie Sahne und Zucker in einen Topf goß. Wenig später entströmte demselben ein herrlicher süßer Duft. Mir lief das Wasser in der Schnauze zusammen.

»Wann darf ich denn rühren?« fragte Maya und klapperte über mir mit dem Deckel einer Keksdose.

»Gleich, mein Schatz«, antwortete Frauchen. »Sobald ich alle Zutaten im Topf habe.«

In diesem Moment geschah zweierlei: Das Telefon klingelte, und die Türglocke schellte. Ich sprang erschrocken auf. Meine Güte, da hatte ich mich derart von den süßen Düften einlullen lassen, daß ich gar nicht mitbekommen hatte, wie jemand aufs Grundstück gekommen war! Das durfte mir doch nicht passieren. Mit einem extra dunklen und gefährlich klingenden »Wuff! Wuff!« schoß ich unter dem Tisch hervor. Dabei riß ich beinahe einen der Stühle um.

»Ach herrje!« rief Frauchen und zog rasch den Topf von der heißen Herdplatte. Das Telefon bimmelte weiter. »Maya, bleib mal einen Moment sitzen, ja? Ich bin gleich wieder da.« Frauchen eilte aus der Küche, schnappte sich das Telefon, und während sie zu reden begann, öffnete sie die Haustür. Ich folgte ihr auf dem Fuß. Ein Mann mit einem großen Koffer stand vor der Tür und faselte etwas von Staubsaugern. Ich knurrte ihn grollend an. Er roch so komisch.

»Ruhig, Chester.« Frauchen strich mir kurz über den Kopf. «Was? Nein, da steht ein Vertreter vor der Tür, und der Hund hat ihn angeknurrt«, sagte sie ins Telefon und lachte dann. »Na, ich weiß nicht. Einen Einbrecher würde er vielleicht freundlich begrüßen, solange der ein Leckerchen dabei hätte. Ich ruf dich zurück, meine Liebe.«

Frauchen legte das Telefon beiseite und sprach nun mit dem Mann an der Tür. Da er wohl doch keine Bedrohung darstellte, trollte ich mich wieder in die Küche.

Maya saß mittlerweile nicht mehr am, sondern unter dem Tisch. In der Hand hielt sie ein angebissenes Schokoplätzchen. Ich beschnüffelte sie kurz und sie lachte. Zum Dank bekam ich von ihr das schon ein bißchen angeweichte Plätzchen in die Schnauze geschoben. Na ja, besser als nichts. Und trotzdem sehr lecker. Ich stupste sie an, und sie kroch wieder unter dem Tisch hervor. Frauchens Stimme drang noch immer aus dem Flur, ab und zu unterbrochen von dem Mann, der ihr wohl etwas erklären wollte. Ich legte mich wieder hin und genoß den leichten Nachgeschmack des Plätzchens auf meiner Zunge, während Maya auf ihrem Stuhl herumturnte. Plötzlich drang ein merkwürdiger Geruch an meine Nase. Scharf und beißend, irgendwie … angebrannt! Ich sprang auf und machte eine Runde durch die Küche, um der Quelle des Gestanks auf den Grund zu gehen. Er schien vom Herd zu kommen. Just in diesem Moment schob Maya ihren Stuhl quer durch die Küche, bis er gegen eben diesen stinkenden Herd knallte. Ich wurde unruhig, sprang am Herd hoch und schnüffelte. Maya lachte. Eine der Herdplatten glühte rot und heiß. Erschrocken fuhr ich zurück und bellte.

»Chester, was machst du denn für einen Lärm?« rief Frauchen aus dem Flur, kam aber nicht, wie erhofft, zurück in die Küche. Nun kletterte Maya auch noch auf den Stuhl.

»Will rühren helfen«, sang sie. Wieder bellte ich, diesmal lauter und eindringlicher. Maya beugte sich über die

Stuhllehne und streckte ihre Händchen nach dem Topf aus.

»Rühühüren«, sang sie, konnte aber den Topf mit ihren kurzen Ärmchen nicht erreichen. Als ich sah, wie sie sich noch weiter vorbeugte und sich mit der Hand auf der glühenden Platte abstützen wollte, mußte ich handeln. Mit einem Satz sprang ich gegen sie und schubste sie vom Stuhl. Sie schrie auf und hielt sich an der Stuhllehne fest. Als sie zu Boden fiel, riß sie den Stuhl polternd mit sich. Wieder bellte ich. Maya heulte auf. Der Stuhl war halb auf ihr gelandet.

»Um Himmels willen!« Frauchen kam in die Küche gestürzt. «Was ist denn hier passiert?« Sie rannte zu Maya und hob sie vom Boden auf. Die Kleine kreischte. Ich bellte weiter. So erleichtert war ich, daß sie sich nicht verbrannt hatte, daß ich mich gar nicht mehr beruhigen konnte. Außerdem glühte die Herdplatte noch immer.

»Chester hat mich uhuhumgeschmihissen!« brüllte Maya.

»Chester, was fällt dir ein?« Frauchen klang böse. Ihr Gesicht war wutverzerrt. »Du hast Maya angegriffen? Raus mit dir!« Sie wies auf die Tür. Aber ich konnte doch nicht einfach rausgehen! Merkte sie denn nichts?

»Raus!« rief sie noch einmal, und ich verstummte, wich erschrocken zurück und klemmte den Schwanz zwischen die Beine, als sie den Stuhl aufhob und wie eine Waffe in meine Richtung schob.

»Entschuldigen Sie.« Der Mann von der Haustür trat in die Küchentür. »Oje, was ist denn hier passiert?« Sein Blick wanderte von der kreischenden Maya zu mir und dann weiter zum Herd.

»Schalten Sie den Herd aus! Die Platte glüht ja schon!« rief er plötzlich und eilte selbst zum Herd. Er drehte an einem der Knöpfe. »Das hätte einen Brand geben können.«

»O mein Gott!« Mitsamt Maya ließ Frauchen sich nun auf den Stuhl sinken. »Ich habe vergessen, den Herd abzuschalten, als es an der Tür schellte.«

Nachdem die Gefahr nun wohl gebannt war, setzte ich mich in einiger Entfernung hin. Frauchen beruhigte Maya, die sich anscheinend nicht verletzt, sondern nur ziemlich erschreckt hatte. Dann fiel ihr Blick auf mich. Diesmal zum Glück nicht so furchtbar böse.

»Chester«, murmelte sie und streckte eine Hand nach mir aus. Vorsichtshalber blieb ich aber sitzen und rührte mich nicht. »Du hast Maya vor der heißen Herdplatte schützen wollen.« Sie drückte ihr Gesicht in Mayas Haare. »O mein Gott«, wiederholte sie. »Mein Hund ist ein Held.« Sie winkte mir, und vorsichtig ging ich auf sie zu, den Schwanz noch immer eingezogen. Mit einem Arm umklammerte sie Maya, mit der anderen Hand strich sie mir sanft über den Kopf. »Ein richtiger Held«, murmelte sie und zog mich an sich. »Das hast du gut gemacht, Chester.«

Erleichtert sprang ich an ihr hoch und leckte erst ihr, dann Maya übers Gesicht. Mit einem leisen Lachen drückte sie mich noch einmal an sich, und das fühlte sich wahnsinnig gut an.

Am Abend wurde ich noch einmal ausführlich gelobt und liebkost, als nämlich Herrchen nach Hause kam und von der aufregenden Geschichte erfuhr. Die Sache mit dem angebissenen heiligen Josef fand er allerdings nicht so gut. Als die Kinder im Bett waren, legte ich mich im Wohnzimmer zu Füßen von Frauchen und Herrchen. Sie hatten den Fernseher eingeschaltet, achteten aber nicht auf das Programm, sondern kuschelten sich aneinander und unterhielten sich.

»Schatz, ich habe mich erkundigt. Der Mann aus der Unteren Straße ist tatsächlich Georg Plaidt.«

»Vater.« Frauchen richtete sich abrupt auf und stieß mir dabei versehentlich den Fuß in den Bauch. »Dann habe ich also richtig gesehen. Mußten wir ausgerechnet in dem Ort ein Haus kaufen, in dem er wohnt?!«

»Bettina, beruhige dich. Das konnten wir doch wirklich nicht wissen. Aber vielleicht ist das auch ein Zeichen, daß es Zeit wird, euch auszusprechen.«

»O nein«, brauste Frauchen auf, und ich knurrte leise, wurde jedoch nicht beachtet. «Niemals wieder will ich etwas mit ihm zu tun haben. Er hat nach Mamas Tod alles Geld genommen und uns im Stich gelassen. Dafür soll er ...«

»Ist ja schon gut, Schatz«, Herrchen schlug einen beruhigenden Ton an und zog sie wieder an sich. »Ich weiß ja, was damals passiert ist. Trotzdem müssen wir uns irgendwann damit auseinandersetzen. Schon der Kinder wegen. Aber ...«, er hielt inne und gab ihr einen Kuß, »nun erzähl mir lieber mal, ob Max und Maya mittlerweile ihre Wunschzettel fertig haben.«

Frauchen seufzte und entspannte sich wieder etwas.

»Jeden Tag kommen neue Wünsche dazu«, murmelte sie. »Maya hat sich nun diese Plüschmaus in den Kopf gesetzt. Sie will sie unbedingt zu Nikolaus haben. Alles andere scheint mittlerweile unwichtig zu sein.«

»Wenn sie nur diesen einen Wunsch zu Nikolaus hat, ist es doch nicht so schlimm«, meinte Herrchen.

»Weißt du, was diese Dinger kosten?« widersprach sie. »Selbst als Weihnachtsgeschenk wäre das schon fast zu viel. Und zu Weihnachten bekommt sie immerhin schon das Puppenhaus.«

»Und was hast du ihr gesagt?«

»Daß der Nikolaus so ein großes Geschenk wahrscheinlich nicht allein beschaffen kann.«

Herrchen lachte leise.

»Na, dann laß uns sehen, ob wir dem Nikolaus nicht helfen können.«

»Und wie, bitte schön?« wollte Frauchen irritiert wissen. Wieder lachte er.

«Wir schauen mal bei eBay. Vielleicht können wir diese Maus irgendwo günstig ersteigern.«

Er schaltete den Fernseher aus, und die beiden verließen das Wohnzimmer. Ich blieb vor der Couch liegen und dachte nach. Was mochte so schwierig daran sein, eine Maus zu beschaffen? Die Katze der Nachbarin schleppte dauernd welche an. Richtig geschickt war sie darin, die kleinen Fellbällchen zu fangen. Allerdings waren die Mäuse meistens schon tot, wenn Minka sie ihrer Familie auf die Türschwelle legte. Vielleicht war das das Problem? Mußte die Maus für Maya noch leben? Und was hatte dieser fremde Mann, dieser Nikolaus, damit zu tun? Ich dachte scharf nach. Möglicherweise konnte er auch nur tote Mäuse bringen, brauchte also jemanden, der ihm half, eine lebende Maus zu fangen? Und noch dazu eine, die besonders groß war? Hatte Frauchen das nicht heute schon mehrmals gesagt, daß die Maus ein großes Geschenk sei? Verstehe einer die Menschen. Aber wenn Maya eine große, lebende Maus wollte, konnte ich vielleicht dem Nikolaus-Mann helfen. Gleich morgen früh würde ich nach Minka Ausschau halten und sie bitten, mir eine Maus zu fangen. Da ich mich recht gut mit ihr verstand, würde sie mir diesen Gefallen bestimmt tun.

Mit dem beruhigenden Gedanken, daß ich meiner Familie schon wieder so gut würde helfen können, schlief ich ein.

»Eine lebende Maus willst du haben?« fragte Minka mich am folgenden Morgen erstaunt, als ich sie unter dem Flieder aufspürte. Dort lauerte sie auf die Meisen, die um das kleine Vogelhäuschen in unserem Garten schwirrten. »Noch nie habe ich gehört, daß Menschen Mäuse haben möchten.«

»Meine Menschen schon. Und du schenkst deinen Leuten doch auch immer welche.«

»Das ist was anderes«, sagte sie mit sanfter Stimme. »Das sind Geschenke, die ich ihnen aus Dankbarkeit mache, weil sie so gut für mich sorgen. Und diese Mäuse sind auch immer schon tot.«

»Ich weiß«, antwortete ich. »Ist es denn schwierig, eine Maus zu fangen und dann lebendig ins Haus zu bringen?«

Minka putzte sich geziert eine Pfote.

»Nicht wirklich«, meinte sie. »Sie zappeln ein bißchen, das ist alles. Und ich weiß nicht, ob du geschickt genug bist, eine Maus lange genug festzuhalten, ohne ihr das Genick zu brechen.«

»Na hör mal!« Ich schüttelte mich zwar bei dem Gedanken, tat aber entrüstet. «Das kann doch nicht so schwer sein.«

»Wir werden sehen.« Minkas Stimme klang amüsiert. »Bis wann brauchst du die Maus?«

»So bald wie möglich, schätze ich.«

»Dann treffen wir uns morgen um die gleiche Zeit wieder hier«, bestimmte sie. »Ich bringe das gewünschte Tierchen mit.«

Sie wandte sich um und stolzierte mit würdevoll erhobenem Schwanz davon. Die Meisen stoben bei ihrem Anblick erschrocken auseinander.

Wie versprochen brachte Minka am folgenden Morgen ein dickes graues Mäuschen mit. Und sie behielt recht, ich hatte so meine Probleme, diese winzige Portion zu packen, ohne sie zu zerquetschen. Erst versuchte ich, sie am Schwanz zu tragen, doch dabei wäre sie mir beinahe entwischt. Also schob Minka sie mir dann doch ganz in die Schnauze. Die Maus fiepte und zappelte, aber bis zur Küche würde es wohl gehen.

Frauchen deckte gerade den Frühstückstisch, Max kippelte auf seinem Stuhl, und Maya half ihrer Mutter, indem sie Tassen und Teller einzeln von der Anrichte zum Tisch trug. So beachteten sie mich erst mal überhaupt nicht. Als ich Maya vorsichtig mit der Nase anstupste, lachte sie nur, ließ sich jedoch nicht aufhalten. Ich schüttelte mich und verspritzte dabei versehentlich ein paar Speicheltropfen. Kein Wunder, denn die Maus wand sich in meiner Schnauze wie ein Wurm. Ich konnte sie kaum noch halten. Deshalb knurrte ich kurz und stellte mich Maya noch einmal in den Weg.

»Nich', Chester«, sagte sie. Doch wenigstens wurde nun Max auf mich aufmerksam.

»Mama, Chester hat da was in der Schnauze«, sagte er. »Ich glaube, das ist eine Maus.«

»Was, eine Maus?« rief Frauchen erschrocken.

Endlich, dachte ich und spuckte die Maus direkt vor Mayas Füße. Das Tierchen war völlig durchgeweicht und blieb verschreckt an Ort und Stelle liegen.

»Iiih!« quietschte Maya. «Maus, Mama! Chester hat 'ne Maus gespuckt! Guck mal!« Sie wollte die Maus anfassen, doch Frauchen hielt sie zurück.

»Nicht! Die kann Krankheiten übertragen«, schimpfte sie. »Wir müssen sie rausbringen. Chester!« Nun blickte sie mich böse an. »Seit wann fängst du Mäuse? Pfui! Wie eklig.«

In diesem Moment erwachte das Mäuschen aus seiner Erstarrung und begann zu laufen, so schnell es konnte.

»Mama, sie rennt weg!« schrie Max und sprang auf. »Fang sie!«

»Ach Gottchen.« Frauchen schnappte sich ein Küchentuch von der Spüle und nahm die Verfolgung auf. Max und Maya stürzten hinter ihr her. Die Maus flitzte quer durch die Küche und suchte zunächst Schutz unter dem Tisch. Als Frauchen das Tuch nach ihr warf, huschte sie jedoch weiter bis zum Kühlschrank und von dort aus an der Spüle entlang bis zur Tür.

»Schnapp sie, schnapp sie!« brüllte Max begeistert, und ich legte die Ohren an und bellte. So einen Lärm mußte er doch nun wirklich nicht machen. Interessiert beobachtete ich dann, wie alle drei hinter der Maus herhechteten. In dem Moment kam Herrchen herein.

»Was ist denn hier los?«

»Paß auf, sonst rennt sie in den Flur!« rief Frauchen, doch zu spät. Die Maus war durch den Türspalt entwischt. Max und Maya hinter ihr her. Frauchen richtete sich seufzend auf.

»Chester hat eine Maus hereingeschleppt«, erklärte sie und warf mir erneut einen strafenden Blick zu. Ich wedelte vorsichtshalber leicht mit dem Schwanz. Warum nur diese Aufregung? Sie wollte doch eine Maus für Maya. Und die Kleine schien sich richtig zu freuen. Ich hörte sie im Flur kichern und quietschen.

»Eine lebende Maus?« hakte Herrchen schmunzelnd nach. »Zum Wachhund taugt er nicht, aber so was kann er. Vielleicht war er im Tierheim zu oft mit Katzen zusammen.« Er grinste. Ich hingegen fand das gar nicht lustig. Herrchen ging zum Küchenschrank und holte ein leeres Glas mit Deckel hervor. »Mal sehen, ob ich genauso geschickt bin«, meinte er und ging in den Flur. Maya und Max kamen zurück in die Küche. Gespannt warteten wir alle, und tatsächlich kam Herrchen wenig später mit der Maus im Glas zurück. »Seht ihr, mit weniger Aufregung schafft man das ganz leicht. Das arme kleine Tierchen ist ja ganz verschreckt.« Wieder grinste er.

»Ich werde sie am Waldrand aussetzen.« Er trug das Glas hinaus. Ich sprang verblüfft auf. Was sollte denn das? Bellend rannte ich hinter ihm her. Nun hatte ich mir soviel Mühe gegeben, die Maus zu fangen – na ja, Minka hatte die Mühe gehabt –, und nun wollte er sie wieder freilassen? Und was war mit Maya und dem Nikolaus-Mann?

»Du bleibst hier, Chester!« befahl Frauchen. Ich trottete mit hängendem Schwanz zurück in die Küche. Streng wies sie auf die Zimmerecke, und ich ließ mich dort still nieder. Ganz klar, ich hatte irgendwas falsch gemacht. Nur was?

Ich kam auch in den folgenden Tagen nicht dahinter. Auch nicht, als Maya eines Morgens jubelnd einen von Herrchens Winterstiefeln in die Küche schleppte und mit der anderen Hand ein unförmiges, pinkfarbenes, plüschiges Etwas hinter sich herzog. Den Stiefel leerte sie mitten auf dem Küchenboden aus. Lauter Süßigkeiten, Nüsse und Mandarinen kullerten umher. Doch sie beachtete sie nicht, sondern beschäftigte sich singend und lachend mit dem komischen Ding.

»Minimaus, Minimaus«, rief sie begeistert und drückte das Ding an sich. Ich ging vorsichtig näher und schnüffelte daran. Wie eine Maus roch das nicht. Es war auch viel zu groß und hatte riesige abstehende Ohren. Ich verzog mich in meine Ecke. Nun verstand ich wirklich die Welt nicht mehr. Wo, bitte, hätte ich auch so ein Vieh fangen sollen?

Ich beschloß, in Zukunft noch genauer aufzupassen, wenn meine Menschen sich etwas wünschten. Solch ein Mißverständnis würde es nicht mehr geben.

Zwei Wochen später, an einem kalten, windigen Nachmittag, wollten Herrchen und Frauchen mit der ganzen Familie einen Ausflug machen. Die Kinder wurden in dicke Jacken und Mützen gesteckt und ins Auto verfrachtet. Ich durfte hinten im Kofferraum Platz nehmen.

Herrchen steuerte den Wagen durchs Dorf. Hier war ich schon ein paarmal mit Max spazierengegangen.

»Vielleicht treffen wir Jannik«, sagte Max. »Er hat erzählt, er geht jedes Jahr mit seinem Opa zum Weihnachtsbaum-Schlagen.« Einen Moment lang schwieg Max, dann sprach er nachdenklich weiter: »Jannik sagt, mit seinem Opa macht das immer ganz viel Spaß. Und hinterher gehen sie noch ins Gasthaus und trinken heiße Schokolade. Jannik sagt, sein Opa ist total cool und macht immer tolle Witze.« Wieder hielt Max inne. »Ich hätte auch gern so einen coolen Opa.«

Ich hob aufhorchend den Kopf. Herrchen und Frauchen sahen sich kurz an.

»Max, du weißt doch, daß Papas Eltern nicht mehr leben und meine Mutter auch nicht.« Frauchen drehte sich zu ihm um und lächelte ihn an. Doch Max hob nur die Schultern. «Und dein Vater? Wo ist der?«

Sie zog die Stirn in Falten und hörte auf zu lächeln.

»Er ist … nicht da. Schatz, wir können doch auch zusammen eine heiße Schokolade trinken gehen.«

»Das ist aber nicht dasselbe«, maulte Max. »Ich versteh' nicht, warum er einfach weg ist. Ich will auch einen Opa.«

Mittlerweile lauschte ich noch angestrengter. Max wollte also einen Opa?

Frauchen seufzte ungeduldig.

»Hör zu, Max, ich kann es nicht ändern. Und ich kann dir auch keinen Opa unter den Weihnachtsbaum legen. Viele Kinder haben keinen Opa.«

»Aber …«

»Max!« ermahnte Herrchen streng, und der Junge schluckte seinen Kommentar hinunter. Schmollend blickte er aus dem Fenster.

Als die Häuser aufhörten und der Wald anfing, hielt Herrchen das Auto an und scheuchte uns alle hinaus.

»Wollen doch mal sehen, ob wir nicht einen tollen Weihnachtsbaum kriegen!« rief er betont gut gelaunt und befestigte die Leine an meinem Halsband. Alle zusammen stapften wir los, in den Wald hinein. Max' Laune schien sich sofort wieder zu bessern, denn er rannte mit einem Juchzen voraus.

Von weitem schon waren Stimmen zu hören, und gleich darauf trafen wir auf eine Gruppe von Menschen, die sich in einer Tannenschonung zu schaffen machten. Ich schnüffelte begeistert. Wo so viele Leute sind, gibt es immer eine Menge interessante Gerüche. Herrchen zog mich aber einfach weiter.

»Die sind zu klein«, sagte Max gerade. »Da hinten sind größere.«

Größere was? Ich sah mich neugierig um und staunte. Die Leute sägten einfach kleine oder größere Tannenbäume ab und brachten sie weg. Auch Frauchen trug eine Säge in der Hand. Was wollten sie denn bloß mit einer Tanne?

Von Baum zu Baum zerrten sie mich, doch anscheinend war keiner gut genug. Zu groß, zu klein, zu breit, zwei Spitzen. Irgendwann gab ich es auf, einen Sinn darin zu sehen, und trottete einfach hinter ihnen her.

Max' Worte gingen mir nicht mehr aus dem Sinn. Er wollte einen Opa. Leider konnte ich mir nicht vorstellen, was ein Opa überhaupt war. Das Wort kannte ich nicht. Aber nach dem Malheur mit der Maus wollte ich kein Risiko eingehen. Ich mußte erst einmal herausfinden, um was es sich genau handelte. Nach dem, was ich aus dem Gespräch heraus verstanden hatte, konnte es sein, daß es sich bei einem Opa um einen Menschen handelte. Das wäre allerdings nicht so gut, denn ich konnte ja nicht einmal eine Maus alleine fangen. Und außerdem war es dann auch bestimmt wieder so ein ganz besonderer Mensch, vielleicht wie der Nikolaus-Mann. Nein, wahrscheinlich war es sinnlos. Einen Opa konnte ich bestimmt nicht beschaffen.

Nach langem Hin und Her fand meine Familie dann doch einen Baum, der allen gefiel. Sie sägten ihn ab und schleiften ihn zum Auto. Herrchen hob ihn aufs Dach und zurrte ihn mit einer Leine fest.

»Na kommt, dann laßt uns auch noch kurz ins Gasthaus gehen.«

»Da kann Chester aber nicht mit«, warf Frauchen ein. »Du weißt doch, wie die Wirtin ist. Sie mag keine Hunde.«

«Ich will Schokolade, ganz viel!« quengelte Maya.

»Dann lassen wir ihn für die kurze Weile im Auto«, meinte Herrchen. Er öffnete den Kofferraum und befahl mir hineinzuspringen. Hinter mir warf er die Klappe wieder zu, dann öffnete er die hintere Tür und drehte die Fensterscheibe einen Spalt weit herunter.

»Wir sind bald wieder da, Chester.« Als ich den Kopf über die Rückbank streckte, tätschelte er meinen Kopf, dann schloß er die Tür und die vier gingen davon. Das machten sie manchmal, wenn sie mich mit zum Einkaufen nahmen. Dann brachten sie mir immer ein Leckerchen mit. Ich rollte mich im Kofferraum zusammen und beschloß, bis zu ihrer Rückkehr ein Nickerchen zu machen.

Laute Stimmen weckten mich. Ein Stück vom Auto entfernt standen mehrere Halbwüchsige um ein Mofa herum und lachten grölend. Ich hob den Kopf und beobachtete sie. Da sie aber nur herumstanden, wurde mir das rasch langweilig. Ich wollte gerade wieder einschlafen, als sich die Tonart der Stimmen plötzlich änderte. Sie wurden unangenehm und gehässig.

»He, Opa, was wackelst du denn so alleine hier rum? Willste etwa die Vögel füttern?«

Mein Kopf fuhr ruckartig in die Höhe. Nur ein Wort hatte ich gehört: Opa! Ich sprang auf und preßte meine Nase an die Seitenscheibe. Die Jungen hatten einen alten Mann eingekreist. Einer von ihnen schubste den Mann unsanft an der Schulter.

»Gib mal her, wir wollen die Vögelchen auch füttern!« grölte ein anderer und entriß dem Alten eine Plastiktüte, schüttelte sie und ließ dann den Inhalt – tatsächlich Vogelfutter – zu Boden rieseln.

»Was soll denn das? Ihr könnt doch nicht einfach …« Die Stimme des Alten zitterte leicht. Diesen Klang kannte ich. Er hatte Angst. Mir stellten sich die Nackenhaare auf, als der Schubser lachte: «Haste noch mehr Sachen dabei, Opa?«

Wieder dieses Wort! War dieser alte Mann ein Opa? So einer, wie Max ihn gerne haben wollte? Und diese Bengels ärgerten ihn und machten ihm Angst? Das ging nicht an. Ich knurrte, doch das schienen sie gar nicht zu hören. Sie schubsten den alten Mann weiter herum, der nun mit lauterer Stimme protestierte. Das machte mich wütend. Ich ließ mein tiefstes, gefährlichstes Grollen hören. Dann bellte ich: einmal, zweimal. Endlich wurden sie aufmerksam. Und blickten zu mir herüber. Ich fletschte die Zähne, knurrte erneut und bellte dann wieder und wieder. Ich sprang über die Rückbank und preßte meine Nase an den Fensterspalt, den Herrchen mir offengelassen hatte.

»Was hat der denn?« fragte einer der Kerle verblüfft und trat näher zu mir. Mit hochgezogenen Lefzen kläffte und grollte ich ihn an, daß er erschrocken den Rückzug antrat.

»Der ist bissig, was?« grinste einer seiner Kumpels, hielt sich jedoch vorsichtshalber im Hintergrund.

»Ist das deiner, Opa?« fragte der Schubser, anscheinend der Anführer der Gruppe. «Der ist aber verdammt häßlich. Für die Ohren brauchst du ja 'nen Waffenschein.« Er gab seinen Freunden einen Wink. »Kommt, bevor der Alte den Köter noch freiläßt.« Der Anführer sprang auf das Mofa und knatterte davon, seine Freunde folgten ihm zu Fuß. Ich knurrte noch immer. Erst als sie außer Sichtweite waren, beruhigte ich mich. Der alte Mann stand noch immer am selben Fleck. Zuerst schaute er in die Richtung, in die die Halunken verschwunden waren, dann zu mir. Ein freundliches Lächeln verzog seine Mundwinkel. Vorsichtig trat er näher. Ich ließ mich auf mein Hinterteil plumpsen und legte den Kopf auf die Seite.

»Du hast sie verjagt, was?« Sein Lächeln wurde noch breiter. »So ein guter Hund.« Er trat noch näher ans Auto und hob langsam die Hand an den Fensterspalt. Ich schnüffelte ausgiebig daran und wedelte zum Zeichen, daß ich ihn mochte, heftig mit dem Schwanz. »Bist ein feiner Kerl. Ich wünschte, ich hätte einen Hund wie dich. Dann würden mich diese Burschen ein für allemal in Ruhe lassen.« Mit leichtem Bedauern blickte er auf das am Boden verstreute Vogelfutter. Die Tüte lag zerrissen daneben. »Da werde ich wohl eine neue Tüte holen müssen. Dann bringe ich dir aber ein Leckerchen mit.« Er hob noch einmal die Hand, drehte sich um und stapfte davon. Erschrocken sprang ich auf. Was nun? Ich konnte ihm doch nicht folgen. Angestrengt blickte ich ihm nach, bis er um eine Häuserecke verschwand. Die Richtung mußte ich mir merken, ebenso wie seinen Geruch. Der alte Mann gefiel mir. Das wäre doch der richtige Opa für Max, dachte ich. Nur, wie ich ihn unter den Weihnachtsbaum legen sollte, konnte ich mir beim besten Willen nicht vorstellen. Und davon hatte Frauchen schließlich gesprochen, nicht wahr? Mit einem Knochen oder meinem

Gummischweinchen ging das wohl, aber mit einem Opa? Das würde ein hartes Stück Arbeit werden, vor allem, weil ich auch nicht wußte, was ein Weihnachtsbaum war.

Gerade als ich begann, mir einen Plan zurechtzulegen, kam meine Familie zum Auto zurück. Ich wurde in den Kofferraum gescheucht, die Kinder kletterten auf die Rückbank, und wenige Augenblicke später waren wir wieder auf dem Heimweg. Wir fuhren glücklicherweise genau in die Straße, in der der Opa verschwunden war. Ich blickte angestrengt aus dem Fenster, doch er war nirgends zu sehen. Erst, als wir die Straße schon ein gutes Stück weit gefahren waren, meinte ich, ihn in der Ferne aus einem Hauseingang treten zu sehen.

Ganz sicher war ich aber nicht, denn auf die Entfernung sehen die Menschen alle ziemlich gleich aus.

Den Baum auf dem Autodach hatte ich mittlerweile ganz vergessen. Um so verblüffter war ich, als Herrchen ihn doch tatsächlich mit ins Haus nahm. Er steckte ihn in einen Metallständer und stellte ihn ins Wohnzimmer an die Wand neben der Couch. Dort lag normalerweise ich, wenn die Familie zusammensaß und fernsah. Mißtrauisch beäugte ich die Tanne.

»Komm, Chester!« forderte Frauchen mich auf. »Laß den Weihnachtsbaum in Ruhe. Den müssen wir später noch schmücken.«

Aha, die Tanne war der Weihnachtsbaum. Die Frage wäre also beantwortet. Aber schmücken? Meine Menschen wurden mir immer rätselhafter.

Am frühen Morgen des folgenden Tages erfuhr ich dann aber, um was es ging. Herrchen und Frauchen schleppten Kartons herein, in denen Maya und Max sofort begeistert zu wühlen begannen. Sie zogen zunächst eine verknäuelte Lichterkette hervor, die so ähnlich aussah wie die Dinger, die seit Wochen an all unseren Fenstern blinkten. Nur war diese länger, und die Lämpchen sahen aus wie die Kerze, die ich neulich verspeist hatte. Herrchen brauchte eine Weile, bis er die Kette entwirrt hatte, und er murrte dabei, daß er dieses Jahr daran denken würde, sie gleich ordentlich wegzupacken.

Ich legte mich in sicherer Entfernung von der Tanne zwischen zwei Sessel und beobachtete, wie Frauchen ihm half, die Lämpchen an den Zweigen des Baumes zu verteilen. Das schien ihnen Spaß zu machen, denn sie lachten immer wieder. Maya wollte wohl auch helfen, doch als sie den Tannennadeln zu nah kam, quietschte sie empört.

»Die pieksen, Mama.«

»Das hab ich dir doch gesagt, Kleines.« Frauchen lächelte nachsichtig. «Hol doch schon mal die Kiste mit den roten und goldenen Kugeln aus dem Karton. Und Max, du kannst die versilberten Tannenzapfen verteilen.«

»Aber gleichmäßig«, ermahnte Herrchen. »Letztes Jahr hatte der Baum nur auf der linken Seite Zapfen.«

»Dafür waren auf der rechten Seite die Glöckchen.« Wieder lachte Frauchen.

Staunend sah ich dabei zu, wie der Baum immer bunter wurde. Farbige Kugeln, silberne Zapfen, bemalte Glöckchen und dergleichen mehr wanderten in die Äste. Frauchen befestigte einen goldenen Stern an der Spitze der Tanne.

Nun mußte ich doch mal näher herangehen. Ich setzte mich direkt vor den Baum und betrachtete ihn andächtig.

»Na, Chester, gefällt dir der Baum?« Max kraulte mich hinter dem Ohr.

»Kann ich jetzt das Lametta?« trillerte Maya und zerrte eine Tüte aus dem Karton.

»Na gut.« Frauchen nahm ihr den Beutel ab, griff hinein und zog ein mit Küchentuch umwickeltes Bündel hervor. Was war das nun schon wieder? Lauter silbrig glänzende Fäden, die leise knisterten. Maya bekam eine Handvoll, ebenso Max und den Rest nahm Herrchen. Zu dritt verteilten sie nun die Fäden zwischen den Kugeln, Zapfen und Glöckchen.

Frauchen machte sich inzwischen an der zweiten Kiste zu schaffen und holte ein kleines Holzhäuschen hervor. Nachdem sie es mit einem Tuch abgestaubt hatte, stellte sie es auf einen kleinen Tisch neben dem Baum.

»Ich hoffe, Chester geht nicht wieder an die Krippenfiguren«, meinte sie und stellte die kleinen Püppchen in das Häuschen. »Ein geköpfter heiliger Josef reicht mir.«

Doch die Figürchen interessierten mich wenig. Viel anziehender war dieses silbrige Zeug. Maya hatte etwas davon zu Boden fallen lassen. Ich ging hin und schnüffelte daran. Es roch leicht metallisch. Das war interessant. Gerade als ich vorsichtig daran lecken wollte, zog Herrchen mich mit einem Ruck am Halsband zurück.

»Nicht, Chester. Pfui! Das Lametta darfst du nicht fressen, davon kriegst du Darmverschlingung oder weiß ich was.« Hastig sammelte er die Lamettareste zusammen und warf sie in die Tüte zurück.

»Was ist Darmvaschingung?« wollte Maya wissen.

Max grinste. »Da verknotet sich der Magen, und dann muß Chester schrecklich kotz…«

»Max!« Herrchen knuffte ihn in den Arm, dann wandte er sich an Maya: »Von Lametta kann Chester sehr krank werden. Paß also auf, daß er es nicht frißt, ja?«

Maya nickte mit ernstem Gesicht. »Ich will nicht, daß Chester krank wird und Darmvaschingung kriegt und kotzen muß.«

Herrchen verdrehte die Augen und seufzte. An der Krippe hörte ich Frauchen glucksen.

»Das wollen wir alle nicht«, sagte sie. »Und nun packt

die Kartons weg. Ich schließe das Wohnzimmer ab, bis das Christkind heute abend kommt.«

»Aber wie kommt das Christkind denn durch verschlossene Türen?« witzelte Max, bekam jedoch nur einen erneuten Knuff gegen den Arm.

»Los jetzt, raus mit euch!« Herrchen trug die Kisten hinaus. »Chester, komm!«

Ich warf noch einen letzten Blick auf den sonderbaren Baum, dann trottete ich hinter den anderen her in die Küche.

In mir arbeitete es. Jetzt, wo der Weihnachtsbaum da war, mußte ich mir schleunigst überlegen, wie ich den Opa herschaffen und darunterlegen konnte.

Am späten Nachmittag kam mir schließlich die rettende Idee.

Die Kinder waren oben in ihren Zimmern. Herrchen und Frauchen saßen in der Küche und wickelten Gegenstände und kleine Kartons in buntes Papier. Draußen wurde es bereits dunkel, aber niemand hatte daran gedacht, mit mir den üblichen Spaziergang zu machen. So langsam mußte ich aber wirklich raus, deshalb stupste ich Herrchen mehrmals mit der Nase ans Bein, jaulte leise und lief dann zwischen Küche und Haustür hin und her.

»Was hast du, Chester?«

Ich jaulte wieder leise, woraufhin Frauchen sich gegen die Stirn schlug. »Thomas, der Hund muß bestimmt mal raus. Aber wir sollten uns mit dem Einpacken der Geschenke beeilen. Laß ihn doch rasch in den Garten.«

»Das wird ihm aber nicht gefallen, was, alter Junge?« Herrchen stand auf, ging mit mir zur Tür und öffnete sie. »Es ist kalt draußen, Bettina«, rief er über die Schulter, während ich mich durch den Türspalt drückte. »Vielleicht wird es heute abend noch schneien.«

»Hast du auch das Gartentor geschlossen?« hörte ich sie antworten. »Nicht, daß Chester uns noch wegläuft.«

Genau das hatte ich vor.

»Aber ja.« Herrchen nickte mir zu und gab mir damit das Kommando, allein in den Garten zu gehen. »Er wird bei dem Wetter sowieso nicht lange draußenbleiben wollen.«

Ich drehte mich um und lief die Stufen hinunter. Zuerst erleichterte ich mich an der Birke neben dem Gartentor. Es war tatsächlich verschlossen. Wie ärgerlich. Und über den Zaun konnte ich auch nicht springen, der war zu hoch. Einmal, ganz zu Anfang meiner Zeit hier, hatte ich es versucht und mir dabei fast ein Ohr abgerissen, als es zwischen zwei Latten hängenblieb. Aber hinter dem Haus gab es bucklige Stellen am Zaun, und an einer hatte ich vor längerer Zeit angefangen zu buddeln. Vielleicht gelang es mir, so viel Erde wegzugraben, daß ich unter dem Zaun hindurchkriechen konnte.

Ich begann unverzüglich mit der Arbeit. Die Erde spritzte wild in alle Richtungen.

»Was machst du denn da?«

Als ich hochblickte, stand auf der anderen Zaunseite Minka und beobachtete mich.

»Wonach sieht es denn aus?« gab ich zurück.

»Willst du ausbüchsen?«

»Ich hab was zu erledigen.«

Minka trat näher an den Spalt unter dem Zaun, den ich freigelegt hatte, dann machte sie sich ganz platt und quetschte sich hindurch. Auf meiner Seite angekommen schüttelte sie sich heftig und ging ein paar Schritte, bevor sie sich wieder zu mir umdrehte.

»Das muß ja was Wichtiges sein, wenn du am Heiligen Abend weglaufen willst.«

»Ist es auch. Heiliger Abend?« Hatte ich diesen Ausdruck nicht heute auch schon mehrmals von meinen Leuten gehört?

»Ja.« Minkas Schwanz zuckte ungeduldig. »Heute ist der Weihnachtsabend, ein wichtiger Tag für die Menschen. Da solltest du zu Hause bleiben. Vielleicht schenken sie dir sogar was. Außerdem ist es hier draußen ungemütlich. Ich für meinen Teil verschwinde nach drinnen.« Sie drehte sich wieder um und lief quer durch den Garten auf das Nachbarhaus zu. Hinter der Hecke gab es ebenfalls einen Spalt im Zaun. Sie schlängelte sich hindurch und war verschwunden.

Heute war also der besondere Tag. Weihnachten. Ich begann wieder zu graben, horchte aber immer mit einem Ohr, ob jemand nach mir rief. Doch es blieb still. Wahrscheinlich waren Herrchen und Frauchen noch immer mit ihren Geschenken und dem Papier beschäftigt.

Endlich war das Loch so tief, daß ich es wagen konnte hindurchzukriechen. Es ging leichter, als ich gedacht hatte. Ich rief mir den Geruch des alten Mannes ins Gedächtnis und rannte los.

Aus dem Auto hatten die Straßen des Dorfes allerdings ganz anders ausgesehen und ich lief zweimal im Kreis, bis ich endlich die Straße fand, in der ich ihn zum letztenmal gesehen hatte. Ich senkte meine Nase auf den Boden und schnüffelte. Eine Unmenge an verschiedenen Gerüchen gab es hier. Sehr verwirrend, und schließlich war ich ja kein Suchhund. Ich lief den Gehsteig auf und ab, seine Fährte konnte ich jedoch nicht aufnehmen. Dann fiel mir ein, daß er auch auf der anderen Straßenseite wohnen könnte und rannte hinüber. Wieder schnüffelte ich, wieder fand ich nichts. Ich war so vertieft, daß ich die lauten Stimmen aus einem der Vorgärten nur am Rande wahrnahm. Plötzlich öffnete sich ein Gartentor und ein unförmig dicker Mann mit einem roten Mantel und einem riesigen weißen Bart trat auf die Straße. Ich erschrak und wich zurück.

»Hohoho, fröhliche Weihnachten!« rief er mit polternder Stimme und winkte den Menschen am Hauseingang zu. Mit Schwung drehte er sich um und hätte mir dabei fast den riesigen Sack, den er bei sich trug, vor den Kopf geschleudert. Knurrend wich ich noch weiter zurück. Überrascht blickte der dicke Mann zu mir herab.

»Na, was denn? Du willst doch nicht etwa den Weihnachtsmann beißen?« Plötzlich klang seine Stimme ganz anders und überhaupt nicht mehr polternd. »Wo kommst du überhaupt her? Helga, guck mal, ist das nicht Sierings Hund? Der mit den ulkigen Schlappohren?«

»Tatsächlich. Ob er ausgebüchst ist?« sagte eine Frauenstimme hinter dem Mann. Erst jetzt sah ich, daß dort eine zweite Person stand. Und die sah noch unheimlicher aus. Sie war ganz in weiß gekleidet, mit einem goldenen Ring über dem Kopf und großen Dingern am Rücken, die aussahen wie die ausgebreiteten Flügel eines Vogels. Dieser Anblick erschreckte mich derart, daß ich wie erstarrt stehenblieb. Und dann konnte ich nicht mehr an mich halten und bellte wie wild. Was waren das bloß für Gestalten? Sie rochen wie Menschen, aber solche Menschen hatte ich noch nie gesehen.

»Was ist denn da draußen für ein Lärm?« hörte ich die ersten Rufe aus einem der Hauseingänge.

»Nur ein verrückter Hund«, antwortete der Bärtige, diesmal wieder mit lauter Stimme. Eine ältliche Frau trat auf die Straße. Allmählich wurde es mir ungemütlich. Dennoch bellte ich vorsichtshalber weiter. Das hält Angreifer normalerweise fern. Die Frau trat näher.

»Ach, der Bernd und die Helga! Spielt ihr wieder mal Weihnachtsmann und Christkind?«

»Für die Kinder«, bestätigte die Frau mit den Flügeln. »Anscheinend haben wir den Hund erschreckt.«

Wie recht sie hatte! Und weil mich nun alle neugierig anstarrten, hielt ich es für besser, das Weite zu suchen. Mit großen Sätzen machte ich mich davon und bog schließlich in einen Vorgarten ein, der zu einem der hohen Mehrfamilienhäuser gehörte. Hier beschloß ich, zunächst einmal zu verschnaufen und mich zu beruhigen. Doch daraus wurde nichts, denn als ich mich vor den Eingang setzte, roch ich plötzlich mehr als deutlich die Fährte des alten Mannes. Hastig schnüffelte ich an der nur angelehnten Eingangstür. Tatsächlich. Ich hatte ihn gefunden! Nun hieß es handeln, denn die Zeit lief mir weg, und meine Familie suchte bestimmt schon nach mir.

Mit aller Macht sprang ich an der Tür hoch, doch sie ging nur ein kleines Stück weit auf, dann federte sie zurück. Ich mußte es mehrmals versuchen, bis ich sie so weit geöffnet hatte, daß ich mich hindurchquetschen konnte. Sofort fiel sie wieder zu. Ich hatte mir dabei an den Rippen weh getan und schüttelte mich entrüstet. Dann lief ich zur Treppe und schnupperte wieder. Die Fährte führte nach oben, aber nicht weit. Schon im ersten Stockwerk fand ich die Tür, hinter der der Opa wohnen mußte. Ich bellte und kratzte an der Tür, doch nichts geschah. Von drinnen waren Stimmen zu hören, die ähnlich klangen wie die, die bei meiner Familie aus dem Fernseher kamen. Also bellte ich lauter und kratzte mit beiden Pfoten.

»Was ist denn das?« hörte ich endlich die Stimme des alten Mannes und dann seine näher kommenden Schritte. Ich ließ mich auf mein Hinterteil plumpsen und sah ihm hechelnd entgegen, als er die Tür öffnete. »Was ...«, verblüfft starrte er zu mit herab. Ich sah ihm an, daß er mich sofort erkannt hatte.

»Wie kommst du denn hierher?« Er streckte die Hand aus, und ich leckte kurz daran. «Bist du deinem Herrchen etwa weggelaufen? Und wieso bist du dann hier?« Er blickte im Flur auf und ab. Kopfschüttelnd ging er vor mir in die Hocke und streichelte mir vorsichtig über den Kopf. Nun, wo sein Gesicht so nah war, stupste ich ihn mit der Nase am Kinn an. Das brachte ihn zum Lachen.

»Das gibt's ja nicht«, murmelte er. »Aber warte, du hast ja ein Halsband an. Wollen doch mal sehen ...« Er tastete mein Halsband ab und fand die kleine Kapsel, die Frauchen daran befestigt hatte. »Aha, sehr gut.« Er nestelte an dem Verschluß und hatte plötzlich einen winzigen Zettel in der Hand.

Ächzend richtete er sich auf und betrachtete den Fetzen Papier.

»Der Familie Siering gehörst du also. Und hier steht auch ihre Adresse.«

Ich legte den Kopf auf die Seite. So war das also? Frauchen hatte einen Zettel in die Kapsel gesteckt, auf dem man erkennen konnte, wo ich wohnte? Wie praktisch! Mir war nämlich gerade eingefallen, daß ich den Opa ja irgendwie nach Hause bringen mußte.

»Und dein Name ist Chester.«

Ich sprang auf und wedelte mit dem Schwanz. Der Opa lächelte. »Wenn du ihnen weggelaufen bist, suchen sie dich vielleicht schon. Und ausgerechnet am Heiligen Abend. Am besten bringe ich dich gleich mal nach Hause, mein Freund.« Er drehte sich um und verschwand in der Wohnung, kam jedoch wenige Augenblicke später in einen dicken Mantel gehüllt wieder zurück.

»Eine Leine habe ich leider nicht«, meinte er. «Aber die Schnur hier dürfte auch reichen.« Er beugte sich wieder zu mir herunter und befestigte eine Kordel an meinem Halsband. Damit war ich einverstanden. So machten die Menschen es eben, wenn sie mit uns Hunden spazierengingen. Er zog die Tür hinter sich zu, und gemeinsam machten wir uns auf den Weg. Der alte Mann ging recht langsam, aber das störte mich nicht. Leichter Schneefall hatte eingesetzt, und die weißen Flocken bedeckten bereits die Straße.

Da es mittlerweile dunkel geworden war, blinkten die Lichter in den Fenstern der Häuser und die Lämpchen, die überall in den Büschen und Bäumen hingen, ganz besonders hell.

Als wir am Haus meiner Familie ankamen, stand das Gartentor weit offen, ebenso die Garage. Das Auto war weg. Ich zog ein wenig an der provisorischen Leine, damit sich der alte Mann beeilte.

»Langsam, langsam«, lachte er und stolperte hinter mir die Stufen zur Haustür hinauf. Er drückte auf den Klingelknopf, und wenige Augenblicke später wurde die Tür aufgerissen.

»Guten ... Bettina!« Der Opa starrte verblüfft auf mein Frauchen.

»Vater!« Auch Frauchen stand da wie vom Blitz getroffen. Dann sah sie mich. »Chester, wie kommst du ...?«

»Chester ist wieder da!« Max kam aus der Küche geschossen und stürzte sich auf mich. Ich ließ es mir nur zu gern gefallen, daß er mich umarmte, und wedelte mit dem Schwanz.

»Chester, Chester!« Nun kam auch Maya auf ihren stämmigen Beinchen angerannt und fiel über mich her.

Frauchen und der Opa blickten sprachlos auf uns herunter.

Dann fand der alte Mann seine Sprache wieder.

»Er stand plötzlich vor meiner Tür«, erklärte er. »Ich

dachte, ich bringe ihn mal gleich zurück, weil … Es ist ja Weihnachten, aber …« Er stockte. »Ich wußte nicht, daß du hier wohnst.«

»Noch … noch nicht lange«, stotterte Frauchen. Ich schüttelte mich, um die beiden Kinder nun doch loszuwerden, setzte mich und sah zu ihr hoch. Sie wirkte nicht sehr begeistert über mein Geschenk. Hatte ich etwa schon wieder etwas falsch gemacht? Der alte Mann reichte ihr die Leine. Sie nahm sie zögernd entgegen und blickte wieder auf die beiden Kinder, die noch immer neben mir knieten und mich streichelten.

»Wir müssen Papa anrufen und ihm sagen, daß er nicht mehr zu suchen braucht.« Max sprang auf und holte das Telefon von der Konsole im Flur.

»Ja … Ja, mach das.« Unschlüssig fuhr sich Frauchen durch die Haare, während Max sofort eine Nummer eintippte und einen Moment später in den Hörer rief: »Chester ist wieder da, Papa. Du kannst nach Hause kommen. Ja, so ein Mann hat ihn gebracht. Nein, weiß ich nicht. Moment mal.« Er drehte sich zu dem alten Mann um. »Wie heißen Sie?«

Der Opa lächelte.

»Georg Plaidt ist mein Name.«

Max drehte sich wieder um. »Hast du gehört? Ja, gut, bis gleich.« Max legte das Telefon wieder zurück. »Er kommt sofort.«

»Gut.« Mittlerweile schien Frauchen sich wieder gefangen zu haben, denn sie brachte sogar ein Lächeln zustande. »Geh mit Maya solange in die Küche.«

Als die beiden abgezogen waren, blickte sie den Opa wieder an. »Nun?«

Georg Plaidt rieb sich das Kinn.

»Ich wußte nicht, daß ihr hier wohnt«, wiederholte er. »Wenn ich es gewußt hätte …«

»Was dann?« Frauchens Stimme wurde plötzlich scharf. Ich hob verwundert den Kopf.

»Ich wäre eher hergekommen, um …«

»Um was? Unser Empfangskomitee zu spielen? Nachdem du fast fünfzehn Jahre verschwunden warst?«

Ich legte die Ohren an. Frauchens Tonfall gefiel mir überhaupt nicht. Sie schüttelte unwirsch den Kopf.

»Du hast dich damals mit Mamas Ersparnissen davongemacht.« Sie verschränkte die Arme vor der Brust. »Ich wünschte, du wärst nicht wieder aufgetaucht.«

»Bettina …«

In diesem Moment bog Herrchen mit dem Auto in die Einfahrt ein. Er knallte die Tür hinter sich zu und rannte die wenigen Schritte bis zur Haustür herüber.

»Guten Abend.« Er nickte Georg Plaidt zu und tätschelte kurz meinen Kopf. »Da ist ja unser Ausreißer. Bettina, willst du deinen Vater nicht hereinbitten?«

»Nein.« Frauchen wandte sich ab. Plaidt zog den Kopf ein.

»Sie wissen … ich meine, du weißt, wer ich bin?«

»Komm herein.«

»Thomas!« Frauchen packte Herrchen verärgert am Arm, doch er winkte Georg einzutreten.

»Komm rein«, beharrte er. »Es ist schließlich Weihnachten, und das wollen wir doch nicht hier im Hauseingang feiern.«

»Ich will ihn nicht hier haben!« wetterte Frauchen. »Er hat uns damals im Stich gelassen. Nun brauche ich ihn nicht mehr.«

Herrchen nickte. »Ich weiß. Dennoch wäre es besser, wenn ihr euch mal aussprechen würdet. Laßt uns ins Wohnzimmer gehen.«

»Und was ist mit der Bescherung für die Kinder?«

Herrchen legte ihr seinen Arm um die Schultern.

»Die findet jetzt statt. Max, Maya, kommt ins Wohnzimmer! Das Christkind hat eine Überraschung für euch!«

»Dann bist du echt unser Opa?« Max starrte Georg Plaidt mit großen Augen an, nachdem Herrchen die ganze Geschichte erzählt hatte. Auch ich hatte aufmerksam gelauscht, wenn ich auch nicht alles verstanden hatte. Max anscheinend auch nicht. »Aber warum hat Mama denn immer gesagt, daß wir keinen Opa haben?«

Alle Blicke richteten sich auf Frauchen, der die ganze Sache sehr unangenehm zu sein schien. Sie hob die Schultern.

»Weißt du, mein Vater, dein Opa, war … lange weg, verschwunden. Er ist …«

»Ich bin lange vor deiner Geburt weggegangen«, unterbrach Georg sie. »Und ich habe niemandem gesagt, wohin ich ging.«

»Warum nicht?« Max' Neugier war geweckt.

Georg seufzte. »Ich habe damals etwas sehr Schlimmes gemacht und mußte ins Gefängnis.«

»Ins …?« Frauchen starrte ihn an.

»Hast du einen umgebracht?« Max' Augen wurden kugelrund.

»Nein. So schlimm nun auch wieder nicht.« Georg lächelte leicht. »Ich habe in meiner Firma sehr viel Geld veruntreut und beim Finanzamt falsche Angaben gemacht. Deswegen haben sie mich eingesperrt.«

»Du warst im Gefängnis?« Frauchen preßte sich die Hand an die Stirn. Sie sah auf einmal sehr blaß aus. Besorgt stupste ich sie mit der Nase an. Was war so schlimm am Gefängnis? Ich war auch dort gewesen, seit meiner Geburt. Warum man allerdings einen Menschen dort einsperrte, konnte ich mir nicht erklären. Und gesehen hatte ich so was auch noch nicht, da war ich mir sicher.

»Warum hast du nie etwas zu uns gesagt?«

Georg senkte den Blick auf seine Hände. »Ich hielt es für besser, euch aus dem Skandal herauszuhalten. Du und dein Bruder, ihr wart noch so jung, gerade aus der Schule. Und der Verlust eurer Mutter war schon schlimm genug.«

»Und da dachtest du, auch noch den Vater zu verlieren sei nicht so schlimm?« Nun klang Frauchens Stimme sehr kalt und bitter.

»Bettina, ich hielt es für das beste. Tante Johanna hat sich eurer angenommen, und sie hat es gut gemacht. Was hätte euch ein Vater genützt, den ihr fast zehn Jahre lang im Gefängnis hättet besuchen müssen?«

»Und was ist mit Mamas Erbschaft geschehen?«

Traurig rieb sich Georg die Augen. »Ich hatte immense Schulden. Das Finanzamt hat die gesamte Erbschaft gepfändet.«

»O Gott.« Frauchen stützte den Kopf in die Hände. Herrchen setzte sich neben sie und zog sie an sich. Und ich tat etwas, das mir eigentlich streng verboten war. Ich stützte meine Vorderpfoten neben Frauchen auf die Couch und legte ihr meinen Kopf aufs Knie. Ich wollte sie trösten, denn sie machte einen sehr unglücklichen Eindruck. Und wenn ich auch nicht wußte, warum, konnte ich es doch nicht ertragen, sie so niedergeschlagen zu sehen. Sie lehnte sich an Herrchen, ihre Hand wanderte jedoch in mein Nackenfell, und ich spürte, wie sie mich leicht zu kraulen begann.

»Und was passiert jetzt?« wollte Max wissen. Wieder ruhten alle Blicke auf Frauchen, die sich erst nicht rührte.

Plötzlich richtete sie sich abrupt auf. Rasch setzte ich mich wieder auf mein Hinterteil, blieb jedoch in Habachtstellung. Sie sah nämlich wirklich sehr mitgenommen aus.

»Was bringt uns das Christkind denn für eine Überraschung?« quengelte Maya dazwischen. Sie hatte anscheinend noch weniger verstanden als ich. »Darf ich die Geschenke auspacken?«

Herrchen stand auf und nahm sie auf den Arm.

»Aber ja, das hätten wir beinahe vergessen.« Er trat mit ihr an den Weihnachtsbaum und hob ein buntes Päckchen auf, das inmitten vieler weiterer auf dem Boden lag. »Schau mal, das hier ist für dich.«

»Will runter!« Zappelnd grapschte Maya nach dem Geschenk. Herrchen ließ sie wieder hinunter, und sie riß strahlend an dem Papier. Dabei fiel mir siedend heiß ein, daß noch etwas zu meinem Geschenk fehlte. Frauchen hatte damals im Auto gesagt, sie könne Max keinen Opa unter den Weihnachtsbaum legen. Jetzt hatte ich aber doch einen Opa gefunden, und wenn ich nicht irrte, war es sogar der richtige Opa. Also mußte er auch zu den anderen Geschenken unter den Weihnachtsbaum. In meinem Kopf arbeitete es.

Doch da stand Frauchen ebenfalls auf und trat zur Tür.

»Ich denke, es ist besser, wenn du jetzt gehst, Vater.«

»Bettina ...« Herrchen wollte etwas sagen, doch sie schüttelte den Kopf.

»Ich weiß nicht, was ich von der ganzen Sache halten soll. Es ist Weihnachten, und ...«

»Aber gerade deswegen ...« Herrchen zog sie beiseite und redete leise auf sie ein. Georg stand mit gesenktem Kopf daneben und schwieg. Max hockte ratlos auf der Sofakante. Nur Maya kämpfte noch immer jauchzend mit der Geschenkverpackung.

Panik stieg in mir hoch. Frauchen durfte ihn doch jetzt nicht einfach wieder wegschicken. Wo ich mir soviel Mühe gegeben hatte, ihn herzubringen. Das konnte ich nicht zulassen! Fieberhaft suchte ich nach einer Lösung. Da fiel mein Blick auf das glitzernde Lametta am Weihnachtsbaum. Hatte Herrchen mir nicht verboten, es zu fressen, weil es krank machte? Das war es! Ich hechtete zum Baum, schnappte nach dem silbrigen Glitzerzeug und zerrte es von einem der Äste. Dabei fegte ich ein goldenes Glöckchen und eine rote Kugel zu Boden, doch das war mir egal. Ich kaute ein bißchen auf dem Lametta herum – es schmeckte ekelhaft – und paßte höllisch auf, nichts davon zu schlucken. Dann warf ich mich auf die Seite und stieß ein Husten aus. Als niemand reagierte, versuchte ich es mit Röcheln und, wie ich hoffte, herzzerreißendem Jaulen.

»Papa, Chester hat irgendwas!« Max sprang als erster auf und kam zu mir. »Papa, schnell, ich glaube, er hat Lametta gefressen!«

»Was?« Herrchen und Frauchen stürzten gleichzeitig auf mich zu und knieten sich neben mich.

Ich spuckte die Lamettafetzen aus.

»Oje, dieser dumme Hund!« Frauchen hob meinen Kopf an und untersuchte meine Schnauze. »Hoffentlich hat er nichts geschluckt.«

»Was is' mit Chester?« Nun kam auch Maya angekrochen und tätschelte meine Seite. »Is' Chester krank?«

»Das wissen wir nicht, Liebes«, sagte Herrchen. »Er hat anscheinend Lametta gefressen.«

»Muß er jetzt kotz…«

»Max!« riefen Herrchen und Frauchen gleichzeitig, und er zog den Kopf ein.

»Muß er jetzt zum Tierarzt?« fragte Maya.

»Laßt mich mal sehen.« Georg trat nun auch zu mir, und ich wagte es, den Kopf zu heben. Er ging neben mir in die Hocke und untersuchte mich ebenfalls. »Wir hatten mal eine Katze, die auch immer Lametta gefressen hat. Weißt du noch, Bettina? Sie hat aber immer nur darauf herumgekaut und es nie geschluckt. Vielleicht hat ihr nur der Geschmack gefallen.«

»Stimmt, ich erinnere mich. Wir haben ihr aber trotzdem immer Milch eingeflößt. Ob wir das bei Chester auch machen sollen?« Frauchen richtete sich unsicher auf. Anscheinend war ihr gar nicht aufgefallen, daß sie plötzlich ganz normal mit Georg geredet hatte. Ich hielt den Moment jedoch für goldrichtig. Ich rappelte mich auf und sprang den noch immer hockenden Opa an. Er stieß einen erschreckten Laut aus, konnte sich natürlich nicht mehr halten und kippte rücklings unter den Weihnachtsbaum. Zu Sicherheit stellte ich ihm meine Vorderpfoten auf die Brust und leckte ihm übers Gesicht.

Für einen Moment herrschte um mich herum verblüfftes Schweigen, dann begann Maya zu kichern. Auch Max gluckste.

»Mama, Chester hat unseren Opa unter den Weihnachtsbaum geschubst! Komm her, Chester!«

Ich ließ von dem Opa ab und trabte zu Max hinüber.

»Was war das denn?« Georg rappelte sich umständlich auf und wischte sich mit dem Ärmel übers Gesicht.

»Chester mag dich«, erklärte Maya und wandte sich entschlossen wieder ihrem Geschenk zu.

»Es scheint ihm wieder gut zu gehen«, meinte Max und streichelte mich am Rücken. »Und was machen wir jetzt?«

Herrchen wies auf den Geschenkeberg.

»Ich denke, wir sollten sehen, was das Christkind uns gebracht hat. Was meinst du, Bettina?«

Frauchen blickte zwischen den Geschenken und ihrem Vater, der noch immer auf dem Boden saß, hin und her. Zögernd nickte sie.

»Ja, ich denke, das sollten wir tun. Vater …«

»Kann Opa mit uns feiern?« Max hatte sich vor die Geschenke gekniet und suchte sich eines heraus, auf dem sein Name stand. »Es ist doch Heiligabend.«

»Also …« Frauchen hob die Schultern, dann nickte sie. »Na gut, was soll's. Setzen wir uns aufs Sofa.« Sie streckte Georg die Hand hin, um ihm beim Aufstehen behilflich zu sein. Einen Augenblick standen sie sich schweigend gegenüber. Dann lächelte Georg.

»Frohe Weihnachten, Bettina.«

»Frohe Weihnachten, Vater.« Ihre Stimme klang ein wenig rauh, und ihr Lächeln wirkte noch etwas gezwungen, aber ich hatte es geschafft. Der Opa durfte bleiben. Ich stupste ihn noch einmal an und legte mich, als alle um den Couchtisch herumsaßen, auf Frauchens Füße.

»Ja, ja, du bist der Beste, was?« Sie tätschelte meinen Kopf.

Und da hatte ich nichts hinzuzufügen.

Maiken Nielsen

Ein Fund mit Folgen

Der Bericht auf der ersten Seite der Altonaer Nachrichten am 13. August 1905 sorgte für große Aufregung unter den Bewohnern von Neumühlen. Ihr Alltag hatte sich bis dato weitgehend durch ein Fehlen von lebensbedrohlichen Ereignissen ausgezeichnet. Nun aber prangte es in riesigen, schwarzen Lettern an jedem Kiosk: »Schiff aus Nordamerika verliert Krokodile in der Elbe.« Und darunter: »Bei den dreizehn Tieren, die nach Angaben des Kapitäns in der vergangenen Nacht durch bislang ungeklärte Umstände über Bord gegangen sind, handelt es sich um Kaimane, die in den Gewässern Floridas vorkommen. Von einem Bad im Fluß rät die Polizeibehörde dringend ab.«

Es war ein Artikel, der noch über Wochen für Gesprächsstoff sorgte. Doch niemand ahnte, daß der Anlaß dieser Mitteilung ihrer aller Leben verändern würde.

Es sah aus wie ein Osterei. Nur daß jemand vergessen hatte, es anzumalen. Johann hockte sich in den feuchten Ufersand und strich die Körner von der Schale. Armes Vögelchen, dachte Johann und umschloß das Ei mit seinen kleinen Händen. Er würde es Clara schenken, die konnte es unter ihrer fieberheißen Bettdecke ausbrüten, das Vögelchen würde sich schon nicht anstecken mit Windpocken, es war ja noch in der Schale. Zufrieden stapfte er am Strand entlang. Die Sonne brannte auf seiner Haut, und auf der Elbe tanzten Lichtkügelchen. Was für eine Art von Vogel sich wohl in dem Ei versteckt hielt?

Eine Amsel konnte es nicht sein, dazu war das Ei zu groß. Vielleicht war es ein Gänseei, oder vielleicht lag sogar ein winziger Storch darin. Johann war so versunken in seine Überlegungen, daß er an der Neumühlener Badestelle in den Fluß stieg, statt den Weg nach Hause zu nehmen. Daß ihn jemand hart am Kragen griff, brachte ihn wieder zu Bewußtsein. Er drehte sich um und erkannte Niemeyer, wie immer in Uniform, mit seiner Pickelhaube auf dem Kopf. Johann fragte sich, ob Niemeyer sich auch mit seiner Pickelhaube ins Bett legte. Daß er sie bei den Mahlzeiten auf dem Kopf trug, galt in Neumühlen als gesichert.

»Bist du taub?« schrie Niemeyer.

Das konnte Johann guten Gewissens verneinen.

Niemeyer schüttelte ihn. »Dann komm endlich aus dem Wasser raus!«

Johann umklammerte ängstlich seinen Fund. »Vorsicht, ich hab hier ein rohes Ei«, erklärte er.

Niemeyer unter seiner Pickelhaube kniff die Augen zusammen. »Willst du mir etwa drohen?«

»Nein, ich ...« Erst jetzt bemerkte Johann, daß die Badekarren einsam und unbenutzt am Strand herumstanden. »Was ist passiert?« fragte er verdutzt. »Warum badet keiner?«

»Weil ich es so befehle!« brüllte Niemeyer. Er brüllte noch ein paar andere Sachen, aber die verstand Johann nicht. Zum einen, weil er damit beschäftigt war, das Ei beim Laufen nicht fallen zu lassen. Zum anderen, weil er sehr gut darin war, Dinge nicht zu hören, die er nicht hören wollte.

Zu Hause angekommen, fand er Clara hoch aufgerichtet im Bett, die Augen von fiebrigem Glanz, mit flatternden Händen, auf denen rote Punkte prangten. »Hast du schon gehört?« zwitscherte sie. »Ein Dampfschiff aus New Orleans hat dreizehn Krokodile in der Elbe verloren! Jetzt dürfen wir nicht mehr baden! Und Papa sagt, er hätte noch nie so viele Menschen mit Fernglas an Bord gehabt! Alle halten sie nach den Krokodilen Ausschau! Dabei schwimmen die doch unter Wasser, sagt Papa.«

»Wo ist Carl?« fragte Johann. Er konnte den großen Jungen, der es sich zur Angewohnheit gemacht hatte, dieses Haus als seine zweite Heimat zu betrachten, nicht besonders gut leiden, vor allem deshalb, weil er einen schlechten Einfluß auf die Schwester hatte, wie Johann fand. Clara war einfach nicht mehr sie selbst, wenn Carl zugegen war, ständig kicherte sie, auch wenn Carl überhaupt nichts Witziges sagte, und wenn er nicht da war, stand sie vor dem Spiegel und übte Grimassenschneiden und spielte Verkleiden mit Mamas Sachen, und wenn Johann mitspielen wollte, wurde sie wütend und fuhr ihn an, daß er noch nicht alt genug sei, dabei war doch niemand besser im Grimassenschneiden und Verkleiden als er, Johann, und außerdem mußte man ja kein Greis sein, um sich ein Rüschenkleid anzuziehen und die Lippen zu bemalen. Nun ja, jedenfalls wollte Johann Clara sein Geschenk nur dann überreichen, wenn Carl nicht dabei war.

Clara sank in die Kissen zurück. »Carl ist weg«, murmelte sie.

Johann machte einen kleinen Luftsprung. »Ist das wahr?«

Clara öffnete ein Auge. »Du brauchst gar nicht so zufrieden zu gucken! Carl und ich, wir haben uns ganz fürchterlich gestritten.« Ihre Stimme begann auf einmal zu zittern. »Ich glaube, ich werde ihn niemals wiedersehen ...«

»Unsinn, er wohnt doch nebenan.« Johann versuchte, praktisch zu denken. »Und jetzt nicht weinen! Ich hab was für dich, was ganz Feines.«

Clara fuhr sich über das Gesicht. »Was denn?«

»Das hier.« Johann reichte seiner Schwester das Ei. »Komisch eigentlich: Ich geb dir ein Geschenk und weiß gar nicht, was drin ist.«

Clara strahlte übers ganze Gesicht. »Wie wunderschön! Ein kleiner Piepmatz, natürlich! Danke, Brüderchen!« Aber schon verfinsterte sich ihr Gesicht. »Wird der Piepmatz nicht sterben, ohne sein Nest und seine Eltern?«

»Das Nest war verlassen. Ich dachte, du kannst ihn gut im Bett ausbrüten. Weil es doch so heiß ist bei dir, seit du dieses Fieber hast.«

»Ja«, sagte Clara. »Das kann ich wohl.«

Als die Mutter vom Wäscheaufhängen in die Stube kam, schlief Clara. Sie wollte gerade die Decke um ihre Große zurechtstopfen, da fuhr Johann, der auf einem Schemel neben dem Bett gesessen hatte in die Höhe. »Vorsicht, Mutti, Clara hat ein rohes Ei in den Händen!«

Die Mutter lächelte. »Dann werde ich es wohl besser an mich nehmen.«

»Nein.« Johann warf den Kopf gewaltig hin und her. »Das darfst du nicht tun! Sie brütet es gerade aus! Bitte! Es ist ein Geschenk von mir! Du mußt es ihr lassen!«

»Und wenn es zerbricht? Was dann? Wer wäscht das Eigelb aus den Laken? Du etwa?«

Johann überlegte einen Augenblick. »Ja.«

Die Mutter konnte ein Lächeln nicht unterdrücken. »Das war die falsche Antwort, Johann. Ich bin diejenige, die solche Aufgaben zu erledigen pflegt. Laß mich wenigstens ein Tuch um das Ei wickeln. Dann darf Clara das Ei in Gottes Namen auch behalten.«

Leider währte das häusliche Glück nicht lange. Als Blütenfahrtschiffer Hinrichsen von seinem Gang zu Tabak-Müller heimkehrte, wußte er ein paar neue Dinge von den verschwundenen Krokodilen zu berichten. Drei waren gefunden und erfolgreich wiederverwertet worden. Das erste war seinem Schicksal in einer Kneipe im Hafenviertel St. Pauli begegnet, wo es als warnendes Beispiel für andere Krokodile ausgestopft über den Tresen gehängt worden war. Das zweite lebte wohl noch, sollte aber in die Handtaschen- und Schuhverarbeitung gegeben werden, um, wie Marianne Hinrichsen mutmaßte, an den Gliedmaßen reicher Hamburgerinnen über den Jungfernstieg promeniert zu werden. Das dritte war nach Hagenbecks Tierpark zu einer Gespielin gleicher Gattung verbracht worden, offenbar in dem Ansinnen, im Gehege eine neue Krokodildynastie zu begründen. Hinrichsen, der die Idee von einem Ei unbekannter Herkunft im Bett seiner fünfzehnjährigen Tochter schon unter normalen Umständen nicht sonderlich begrüßt hätte, mutmaßte mißtrauisch, es könnte sich bei dem Fund um einen karibischen Nachkommen der vermißten Reptile handeln, und verlangte, das Ei augenblicklich aufzubrechen, um nachzusehen, was sich darin befand.

Die Vorstellung, das Ei herauszurücken und damit das kleine Tierchen dem sicheren Tod preiszugeben, trieb Clara Tränen der Verzweiflung in die Augen. Ihre Temperatur stieg augenblicklich in die Höhe, und Johann hätte schwören können, daß die roten Hautpünktchen auf das Doppelte ihrer bisherigen Größe anschwollen. Mutter Hinrichsen, die in erster Linie die Gesundung ihrer Tochter im Blick hatte, bestimmte daraufhin, daß das Ei heil und unversehrt bei Clara im Bett bliebe, Punkt und Schluß, ein seltener Akt von Auflehnung gegen den Blütenfahrtschiffer, der in Anbetracht seiner isolierten Position im Haus fürs erste beschloß, den Mund zu halten.

Die Wochen vergingen, und Clara genas. Die roten Punkte auf ihrer Haut verblaßten, und eine neue Clara trat zum Vorschein, eine, die es vor den Windpocken noch nicht gegeben hatte. Schmal war sie geworden, und die Haare, die sich vom langen Liegen im Bett verfilzt hatten, mußten abgeschnitten werden. Nun ringelten sie sich kupferfarben über ihre Schultern. Älter sah sie aus ohne die geflochtenen Zöpfe, zerbrechlich und ungewohnt schön. Auf dem Weg zur Schule bemerkte sie, daß Carl ihr hinterhersah, doch noch immer wechselten sie kein Wort miteinander. Schon wußte Clara gar nicht mehr so recht, worüber sie eigentlich gestritten hatten, es mußte etwas mit ihrer Krankheit zu tun gehabt haben, vielleicht hatte sie ihm verboten, sich ihr zu nähern, solange sie krank war, vielleicht war er daraufhin aus dem Zimmer gestürmt, es war nicht mehr nachzuvollziehen, die Erinnerung lag in dichten Fiebernebel gehüllt irgendwo im Bildertal der letzten Monate.

Der Wind draußen wurde kühler, die Blätter an der Kastanie vor dem Stubenfenster wechselten von Grün zu Gelb und Rot, und vor dem Haus der Hinrichsens hielten jetzt viele Leute an, um sich das geheimnisvolle Ei anzusehen, das im Gegensatz zu allen anderen bekannten Vogeleiern auch nach zwei Monaten noch keine Risse zeigte. Viele Vermutungen wurden über den kleinen Eibewohner geäußert, manche vermuteten, daß er längst tot sei, andere, daß es sich bei dem Tierchen um eine besonders exotische Form von Gefiedertem – oder, was allmählich wahrscheinlicher schien: Schuppigem handeln müsse. Auf dem Fischmarkt priesen die Bauern schon Äpfel und Nüsse an, und die Blütenfahrten wurden eingestellt. Hinrichsen nahm seine Winterarbeit bei Bootsbauer Losse auf, und Mutter Hinrichsen begann mit ihrer Strickarbeit für die Weihnachtsstrümpfe. Clara und Carl sprachen immer noch kein Wort miteinander, und es war Clara, als müßte dieser Winter besonders kalt und dunkel werden. Die Menschen in Neumühlen und Övelgönne zogen ihre Mäntel an, und alle sahen sie ein bißchen umfangreicher und dunkler aus, alle, bis auf Niemeyer, der seine Uniform samt Pickelhaube trotz Kälteschauer mit stoischer Miene trug. Dann, eines Abends Mitte November, geschah das Unglaubliche: Das Ei in Claras Bett, das in diesem preußischen Bezirk nahe Hamburg schon fast sagenumwobene, mythische Objekt – es bekam einen Riß.

Es war Johann, der es als erster bemerkte. Er schlug die Decke zurück, um den heißen Ziegelstein ins Bett zu legen, den er und Clara zweimal täglich im Kohlenofen erwärmten, um das Ei beim Brutprozeß zu unterstützen. Und während er das Ei noch anstarrte, breitete sich vom ersten Riß ein zweiter aus. Ganz fein, wie Haare, die unter einem Brenneisen versengt waren und sich nun etwas kräuselten, zogen sich die Linien über die gesamte Schale, wurden breiter, und dann gab es ein leises Knacken, und die Schale brach auf. Ein etwa 25 cm langes Etwas kam zum Vorschein. Dieses Etwas war schwarz mit gelben, unregelmäßig geformten Querstreifen, es hatte einen Schwanz, vier winzige Beine und einen länglichen Kopf. Es war definitiv kein Vogel.

Es war leicht zu erraten, worum es sich bei dem Tier handelte. Schwer war nur herauszufinden, was denn damit geschehen solle. Bootsbaugeselle Hinrichsen, der mit seinem Vorschlag, das kleine Krokodil augenblicklich in die Handtaschenverarbeitung zu geben, keinen Beifall ernten konnte, zeigte sich nach Johanns Ankündigung, im Falle einer Krokodilermordung augenblicklich von zu Hause wegzulaufen, endlich bereit, Afrikaforscher Eckart aus Övelgönne zu rufen.

Eckart, der die lang vermißte Chance witterte, von seinen Erlebnissen in den afrikanischen Kolonien erzählen zu können, ließ nicht lange auf sich warten. Mit ihm kamen all jene, die in den vergangenen Wochen und Monaten zu regelmäßigen Eibesuchern geworden waren: Carls Eltern, die ja im Häuschen nebenan wohnten. Bootsbauergattin Losse. Tabak-Müller. Und sogar Blütenfahrtreeder Meinert mit seiner Frau. Die einzigen, die nicht kamen, und – da waren sich alle einig – auch auf keinen Fall benachrichtigt werden durften, waren die Niemeyers, denn Polizist Niemeyer legte das Gesetz auf ungewöhnlich strenge Weise aus, eine Handhabung, die Hinrichsen in diesem besonderen Fall vollkommen unterstützte, aber Hinrichsen war für den Moment noch zu geschockt, um seine Meinung kundzutun.

Clara war zu jenem Zeitpunkt noch vollkommen ahnungslos. Sie saß bei Mine und ärgerte sich über das Gebilde aus Strohhalmen, das vor ihr lag: »Das sind keine Adventssterne, die ich da mache, das sind Zäune.«

Mine ließ ihre Bastelarbeit sinken und beugte sich zu Claras hinüber. »Ziemlich reparaturbedürftige Zäune, wenn du mich fragst. Was ist mit dir los, Clara? Wenn eine von uns in den vergangenen Jahren Erfolge mit ihrem Weihnachtsschmuck feiern konnte, dann du!«

»Ich fürchte, du mußt dieses Jahr alleine auf den Markt. Ich krieg es nicht mehr hin. Seit diesen verfluchten Windpocken hab ich zwei linke Hände. Alles, was ich anpacke, mißlingt mir.«

»Jetzt mal langsam.« Mine nahm die verknickten Halme, die in einem Gehedder von Bindfäden steckten, in die Hand und blickte sie stirnrunzelnd an. »Ich sehe es ja ein, dieses Gebilde hier hat vermutlich nicht so über Bethlehem gehangen. Aber du kannst jetzt erst einmal tief durchatmen und dann noch mal von vorn anfangen. Dann wird es schon gelingen!«

»Ich atme schon den ganzen Nachmittag über tief

durch. Bin schon ganz aus der Puste vom vielen Durchatmen. Ich schwöre dir, noch einmal tief durchatmen, und diese Sache hier platzt.« Clara deutete mit einem Finger auf die Brust, dorthin, wo sie ihren inneren Blasebalg vermutete.

»Und was sagen wir, warum wir nicht abliefern können?« Mine beschloß, einen autoritären Tonfall anzuschlagen. »Mein Gott, Clara, morgen wollten wir mit der Krippe anfangen! Wir sind jetzt schon im Verzug!«

Clara erhob sich. »Ich weiß nicht, ob ich es überhaupt hinbekomme. Wie gesagt, ich glaube, ich lasse es ...«

»Aber wir brauchen doch das Geld! Es ist das einzige, was sie uns nicht abnehmen, Clara, und das weißt du auch! Unser eigenes Geld! Seit drei Jahren verdienen wir jetzt auf dem Weihnachtsmarkt, und es waren nie schlechte Verdienste! Wenn wir nächstes Jahr aus der Schule sind, ist es vorbei damit! Dann sind wir Dienstmädchen, Clara, dann ist es vorbei mit unseren Weihnachtseinkünften! Dann heißt es Tag und Nacht schuften für die Herrschaften!«

Clara schlüpfte in den Mantel. »Ich will sowieso kein Dienstmädchen werden. Hab ich schon beschlossen.«

Mine starrte sie an. »Was ist los mit dir, Clara? Ist es wirklich nur diese dumme Geschichte mit Carl?«

»Ich weiß es nicht.« Clara schüttelte traurig den Kopf. »Aber ich komm morgen wieder. Vielleicht ist morgen ja ein anderer Tag.«

Minuten später stapfte Clara die Treppe zum Strand hinunter. Ein eisiger Wind fuhr ihr ins Gesicht. Die Wellen schwappten hart auf den vereisten Sand. Alles war anders, und doch vertraut. Da war ein Gefühl in Clara, das ihr nicht gefiel. Als ob sie im Begriff stünde, ein anderer Mensch zu werden. Dabei war sie doch immer noch das Mädchen Clara. Oder nicht?

Als sie sich Neumühlen näherte, bemerkte sie, daß alle Häuser in der Nachbarschaft dunkel dalagen. Nur ihr eigenes, das war hell erleuchtet. Wenn Carls Haus so dunkel war, hieß das dann, er war bei ihnen? Clara spürte, wie ihr Herz einen gewaltigen Sprung machte. Sie begann zu rennen, auf dem gepflasterten Weg hinauf, auf die Haustür zu und riß sie auf.

Einen Moment lang war sie geblendet von dem Licht in der Stube. Sie blinzelte und versuchte jemanden zu erkennen in dem Meer von Gesichtern, das ihr entgegenbrandete bei ihrem Eintritt. Das Stimmengewirr verstummte kurz und flutete augenblicklich wieder auf sie ein. Kein Carl.

»Clara!« Johann schoß auf sie zu und umfing sie mit seinen kleinen Armen. »Es ist geschlüpft! Es ist da! Unser Krokodil ist geboren!«

»Ist es ein Junge oder ein Mädchen?« Clara warf den Mantel in eine Ecke.

»Das kann man noch nicht sagen, es ist so klein und …«

»Und wir werden es auch niemals so weit kommen lassen, daß wir irgend etwas darüber herausfinden.« Hinrichsen hatte sich aus dem Schatten der anderen gelöst und war auf Clara zugetreten. »Denn dieses Tier wird gleich morgen in die Lederverarbeitung gegeben!«

Ein großer Mann mit wettergegerbter Haut erhob sich von seinem Platz vor dem Kohlenofen, um den sich die ganze Gruppe von Nachbarn und Freunden geschart hatte. Clara brauchte einen Moment, um ihn zu erkennen. Es war der Afrikaforscher Eckart. »Aber Hinrichsen, das ist überhaupt keine gute Idee! Du bekommst für das Tier nichts, wenn es noch so klein ist! Laß es doch erst mal größer werden. Ein ausgewachsenes Krokodil wird sieben Meter lang. Wenn du eine solche Menge an Leder verkaufst, verdienst du dir ein kleines Vermögen, das würde ich mir überlegen an deiner Stelle!«

Der Vater explodierte. »Ein sieben Meter langes Krokodil in meiner Wohnstube, Eckart, ich glaub, bei dir sind die Leinen los!«

Clara versuchte, nicht auf die Worte der Erwachsenen zu hören. Sie hatte sich zu dem Krokodilbaby durchgekämpft. Da lag es vor dem Ofen, winzig klein, und alles andere als furchterregend. Es hatte ein winziges Maul, vier kleine Krabbelfüße an den Seiten, und seine schwarzgelbe Haut sah ganz weich aus, so, daß man Lust bekam, es zu streicheln. Vorsichtig streckte Clara die Hand aus. »Bist du wahnsinnig, Clara?« Mutter Hinrichsen war mit einem Sprung neben ihr und riß ihr die Hand von dem kleinen Krokodil fort. »Weißt du denn nicht, wie gefährlich diese Tiere sind? Sie können Menschen fressen!«

»Nun ja, das würde ich so nicht sagen.« Afrikaforscher Eckart wiegte nachdenklich den Kopf. »Zumindest habe ich das während meines jahrelangen Aufenthalts in den Kolonien noch nie beobachten können. Antilopen töten sie, ja, auch junge Flußpferde, oder manchmal auch Giraffen, aber Menschen …«

Hinrichsen paffte erregt an seiner Pfeife. »Kannst du mir mal verraten, Eckart, mit was ich das Krokodil hier füttern soll, um es sieben Meter lang zu kriegen? Ich meine, ich habe gerade keine jungen Flußpferde oder Giraffen zur Hand!«

Clara hatte wieder angefangen, das Tierchen zu streicheln. Nun setzte sich Johann neben sie und tat es ihr gleich. Die Blicke der Mutter ignorierten sie.

»Du könntest es mit Fischen versuchen. Krokodile fangen klein an, wie wir alle. Und später Geflügel. Vielleicht treiben wir auch mal eine Schildkröte auf.«

»Es gibt noch ein ganz anderes Problem«, warf Tabak-

Müller düster ein. »Wir dürfen keine Krokodile in unseren Häusern halten. Niemeyer schmeißt uns ins Zuchthaus!«

»Mich, meinst du.« Hinrichsen warf seinen Kindern wütende Blicke zu. »In meinem Haus wird das Tier ja wohl leben müssen. Von meinen eigenen Kindern hineingeschleust!«

»Ich würde mich bereit erklären, das Krokodil zu mir zu nehmen.« Afrikaforscher Eckart warf sich in Heldenpositur. »Die Anwesenden müßten natürlich versprechen, daß die Sache unter uns bleibt und daß Niemeyer kein Sterbenswörtchen davon erfährt!«

»Aha, und dann sackst du den Gewinn aus dem Krokodillederverkauf ein!« Hinrichsen wanderte aufgewühlt im Zimmer auf und ab. »Nee, nee, mein Lieber, so einfach laß ich mich nicht übers Ohr hauen!«

Clara bemerkte, daß Johann etwas sagen wollte, und hielt ihm rasch den Mund zu.

»Das Krokodil bleibt hier, Punktum!« Hinrichsen sah sich im Kreis der Anwesenden um. Die Mutter war blaß geworden. »Und ich zähle auf euch, daß ihr wirklich niemandem etwas davon sagt. Zum Dank ... ja, zum Dank werde ich euch etwas von meinem Gewinn abgeben. Kann ich auf euch zählen?«

Einhelliges Nicken. Carls Eltern nickten. Bootsbauergattin Losse nickte. Tabak-Müller nickte. Und Blütenfahrtreeder Meinert mit seiner Frau nickte. Nur einer nickte nicht. Und das war der Afrikaforscher Eckart, der sich zu Clara und Johann herumgedreht hatte und ihnen zuzwinkerte. Clara und Johann zwinkerten strahlend zurück. Das Krokodil würde also bei ihnen aufwachsen. Nun galt es nur noch, den Vater davon zu überzeugen, es niemals töten zu lassen, nur um eines schnöden Gewinns willen.

Es war die Mutter, die Clara am nächsten Tag darum bat, die Schule zu schwänzen. Sie fühle sich doch recht unwohl so allein mit einem Krokodil im Haus, und außerdem habe sie keinen blassen Schimmer, wie und womit sie das neue Haustier füttern solle. Die diätetischen Angaben von Afrikaforscher Eckart hatten sich auf Krokodilkinder bezogen; was die Babys zu sich nahmen, entzog sich seiner kolonialen Kenntnis.

»Werden solche Viecher gestillt?« Mutter Hinrichsen beäugte mißtrauisch, wie das Kleine einige Bewegungen in der mit ein wenig Wasser gefüllten Emailleschüssel machte. »Ach, und in welchem Alter, glaubst du, fangen die an zu laufen? Vater sollte dem Tier demnächst einen kleinen Stall bauen. Oder, besser noch, ein Zuchthaus wie das in Fuhlsbüttel. Von dem man weiß, daß Schwerverbrecher darin sicher verwahrt bleiben.«

»Nun mach aber mal einen Punkt.« Clara hatte sich hingekniet, um das Krokodil zu streicheln. »Es hat doch niemandem was getan. Nicht wahr, du kleines Krokodil? Du bist ein ganz liebes, süßes Krokodil, nicht? Du tust doch niemandem was?«

»Das gleiche haben Müllers über ihren Schäferhund auch gesagt. Bevor sie ihn erschießen mußten, weil er Tabak-Müller den großen Zeh abgebissen hat.« Die Mutter rieb sich die Hände an der Schürze. »Ich muß jetzt zum Markt, Clara. Was bringe ich diesem Dschungeltier nun mit?«

»Ich würde es wirklich mit Fischen versuchen«, meinte Clara. »Eckart hat doch gesagt, dieses Krokodil ist ein Flußkrokodil. Dann müßte das, was in der Elbe schwimmt, in jedem Fall richtig sein.«

Natürlich weihte Clara später am Nachmittag Mine ein. Sie beschlossen, die Bastelarbeit bei Clara zu Hause fortzusetzen. Clara wollte ihre Mutter nicht allein lassen, bis der Vater von der Arbeit käme, und außerdem konnte sie selbst ihren Blick kaum abwenden von dem neuen Hausbewohner. Entweder das Krokodil war an diesem einen Tag seit seiner Geburt schon gewachsen, oder aber sie hatte es schon so lange angestarrt, daß sie bestimmte Krokodilsdinge jetzt ganz klar erkennen konnte. Sie, Johann und Mine kommentierten ihre Beobachtungen im Wechsel.

»Auf dem Rücken kann man schon ein richtiges Muster erkennen!«

»Das Muster ist ein bißchen hart!«

»Ja, das sind die Hornschilder, hat Eckart gesagt.«

»Die Augen liegen ganz schön hoch, ich glaub, das Krokodil erkennt nichts als die Stubendecke!«

»Das arme Krokodil, sieht keinen Himmel!«

»Es hat lustige Zacken auf dem Schwanz!«

»Aber es bewegt sich kaum noch!«

Das war wahr. Es hatte auch noch nichts gefressen. Die Brasse, die Mutter Hinrichsen vom Markt mitgebracht hatte, schien das Krokodil nicht weiter zu interessieren. Aber es mußte doch irgend etwas fressen, oder? Bekam es am Ende etwa doch noch Milch? »Lauf zu Afrikaforscher Eckart«, forderte Clara ihren Bruder auf. »Er soll kommen und sich das Krokodil einmal ansehen. Nachher ist es krank!«

Eckart kam und schlug die Hände über dem Kopf zusammen. »Alle Heiligen, ist es hier kalt! Wollt ihr euer Krokodil erfrieren lassen?«

»Kalt?« echote Mutter Hinrichsen. Im Kohlenofen bollerten die Briketts, keiner hatte eine rote Nase. »Was meinst du mit kalt, Eckart?«

»Na, was glaubst du, an was für Temperaturen so ein Krokodil gewöhnt ist! Ich meine, es kommt schließlich aus Afrika!«

»Dieses hier kommt aus New Orleans«, warf Johann ein, der die Geschichte immerhin vom ersten Augenblick an verfolgt hatte.

Eckart wedelte mit der Hand. »Afrika, Amerika, egal. Jedenfalls kommt es von wo her, wo es verdammt heiß ist! Ihr müßt besser heizen! Viel besser! Sonst geht euch das arme Tier hier ein!«

»Ich hör immer nur armes Tier«, brummte die Mutter. »Nichts von wegen arme Familie. Aber egal. Sag das meinem Mann, Eckart, er ist derjenige, der sich freuen wird, wieder Geld auszugeben.«

An diesem Nachmittag versuchte Clara es nicht einmal mit Basteln. Sie saß nägelkauend vor der Emailleschüssel mit dem Krokodil und starrte es an. »Ich will nicht, daß es stirbt«, sagte sie traurig. Mine legte einen Arm um sie. »Das wird es schon nicht. Komm, wir stellen die Schüssel auf den Ofen drauf. Dann wird dem Krokodil schön warm.«

Das erschien Clara eine gute Idee. Doch Afrikaforscher Eckart wiegte wieder bedenklich seinen Kopf. »Auf dem Ofen wird es sehr schnell heiß. Das Krokodil darf auf keinen Fall kochen. Sonst könnt ihr es zu Abend essen.«

»Wir können es ja vorher wieder runternehmen!« schlug Johann vor.

»Auch nicht schön. Wie würdet ihr euch fühlen, wenn ihr es immer abwechselnd kochendheiß und eiskalt haben würdet?«

»Wir würden uns erkälten«, erklärte Mine brav.

»Ja, genau. Und ein erkältetes Krokodil – das ist bestimmt das letzte, was ihr haben wollt, oder?«

»Das letzte, was ich haben wollte«, Mutter Hinrichsen knallte den Wäschekorb auf den Boden. »War ein Krokodil ganz allgemein. Gesundheitszustand zweitrangig.«

Nun mußte also noch einer eingeweiht werden, und das war der Kohlenhändler, der noch am selben Abend mit einer Lieferung von 200 Pfund Briketts beauftragt wurde. Von da an dauerte es nicht lange, und die vorweihnachtliche Stube der Hinrichsens hatte sich in ein sommerliches Paradies verwandelt.

»Wie angenehm es jetzt bei euch ist«, kommentierte Bootsbauergattin Losse, die an diesem Abend mit einer kleinen Stickarbeit vorbeigekommen war.

»Da werden ja direkt mal die Stiefel trocken«, meinte Carls Vater und streckte sich im Sessel aus.

Tabak-Müller hatte Bier mitgebracht, das es neuerdings in kleinen Flaschen mit Bügelverschluß und Porzellankappe gab. »Um den Brand zu löschen, falls einer kommt«, grinste er mit Blick auf den bollernden Kohlenofen.

Afrikaforscher Eckart kam in Tropenkluft, mit khakifarbenem Hut, Hemd und Hose. Sogar ein Schmetterlingsnetz hatte er mitgebracht. »Man weiß ja nicht, was für Lebewesen bei Hinrichsen noch so gedeihen«, erklärte er, als er sein Bier von Tabak-Müller entgegennahm. »Oh, Clara, ich sehe, das Krokodil frißt wieder!«

»Ja, Sie haben wohl recht gehabt, Herr Eckart. Es muß die Kälte gewesen sein, die das Krokodil so mitgenommen hat.« Clara beugte sich vor, um dem Krokodil in seiner Emailleschüssel noch ein Stück Aal zu verabreichen. Es war in den vergangenen Tagen so sehr gewachsen, daß es über die Schüssel hinausragte, so daß nur noch sein Bauch und die Vorderfüße im Wasser hingen. Die Hinterfüße hatte es über den Rand der Schüssel gehängt, was ihm etwas Akrobatisches verlieh.

»Niedlich, wie es sich in der Schüssel fläzt«, bemerkte Mine, die damit beschäftigt war, ein paar Kastanien mit den Gesichtern von Jesus, Maria und Josef zu bemalen.

An diesem Tag waren sie mit der Krippe richtig weit gekommen.

»Ja, und ich hätte nichts dagegen, wenn jemand ihm eine neue Bleibe verschaffen würde.« Marianne Hinrichsen warf ihrem Mann einen auffordernden Blick zu. »Ich persönlich teile mir jedenfalls nicht so gerne meine Waschschüssel mit einem Schuppenmonster.«

»Das sind keine Schuppen, das sind Hornschilder.« Afrikaforscher Eckart wedelte mit seinem Schmetterlingsnetz. »Außerdem braucht das Krokodil tagsüber gar kein Wasser. Da ruhen sich seine Artgenossen nämlich bevorzugt auf dem Trockenen in der Sonne aus. Ins Wasser gehen sie nur nachts zum Schlafen.«

»Ich habe gleich gesagt, daß diese Tiere zu nichts nutze sind.« Marianne Hinrichsen zog ihre Strickjacke aus und wischte sich den Schweiß von der Stirn.

»Du wirst deine Meinung ändern, wenn ich erst seine Haut verkauft habe und einen Haufen Geld mit nach Hause bringe.« Hinrichsen runzelte die Stirn und sah Eckart an. »Dieser Kolonialwarenhändler wird doch hoffentlich bereit sein, einen guten Preis für die Ware zu bezahlen, oder? Es ist nämlich so, daß mich diese Kohlenrechnung ein bißchen ruiniert.«

»Gemach, gemach.« Eckart nahm einen kräftigen Schluck aus seiner Bierflasche. »Alles wird gut, mein Freund.«

So vergingen die Tage bis zum zweiten Advent. Das Haus von Hinrichsen, im Sommer Blütenfahrtschiffer, im Winter Bootsbaugeselle, hätte sich zu einer ernstzunehmenden Konkurrenz für das kleine Etablissement von Tabak-Müller entwickelt, wäre Tabak-Müller selbst nicht mitsamt seinen Waren und einigen seiner Kunden abends zu Hinrichsen umgezogen. Der Kreis der Eingeweihten hatte sich nun noch mehr erweitert, und gemeinsam hatten die Bewohner von Neumühlen und Övelgönne einen Plan ausgearbeitet, der im etwaigen Falle von Polizist Niemeyers Auftauchen im Hinrichsen-Haus zur Anwendung kommen würde und der darin bestand, mit dem Krokodil in eine Wolldecke gewickelt durch die Hintertür und den Berg hinauf nach Ottensen zu entfliehen. Hinrichsen hatte ein starkes Seil parat liegen, um dem Krokodil bei der Flucht das Maul zuzubinden, sollte es unterwegs Hunger auf denjenigen bekommen, der es trug.

Immer noch kam es Clara vor, als sei sie dabei, sich in einen neuen Menschen zu verwandeln, und ihre Stimmungen wechselten fast stündlich. Mal war sie zu Tode betrübt, weil Carl und sie noch immer kein Wort miteinander wechselten, mal war sie überglücklich, weil sie das kleine Krokodil hatte, das so lustig und tolpatschig war. Mine und sie waren mittlerweile fast fertig mit ihren Bastelarbeiten für die Krippe und den Christbaumschmuck, den sie auf dem Weihnachtsmarkt in Ottensen zu verkaufen gedachten. Auch dabei hatte das Krokodil Clara geholfen: Seitdem es auf der Welt war, zitterten ihre Hände weniger, und zwischen den ganzen Gefühlen, die auf sie einstürmten, spürte sie so etwas wie Zufriedenheit, ein Gefühl, das sie aus ihrer Kindheit kannte, einer Epoche, die nun schon so weit zurückzuliegen schien.

Der Schnee fiel in dicken, weichen Flocken gegen die Scheiben, wo er sofort schmolz. Zum erstenmal, seit Clara denken konnte, versperrten ihr im Winter keine Eiskristalle den Blick auf den Fluß. Die Dschungelhitze im Haus hatte die Fenster dermaßen erhitzt, daß Gefrorenes darauf keine Chance hatte. Hinrichsens hatten es sich angewöhnt, in der Stube ihre Sommersachen zu tragen. Johann trug sein Hemd mit dem Matrosenkragen und kurze Hosen. Clara bewegte sich in einem dünnen

Kleid aus Baumwolle. Und Marianne Hinrichsen hatte es sich angewöhnt, solange sie in der Familie unter sich waren, in Mieder und Spitzenunterrock aufzutreten, was ihren Mann nach zwanzig Jahren Ehe auf ungewöhnlich frivole Gedanken brachte. Alles in allem war es im Haus der Hinrichsens so, als wäre der Sommer gekommen. Und zwar ohne den Umweg über den Frühling zu nehmen. Es verging kein Abend ohne Geselligkeit. Carls Eltern, Tabak-Müller, Bootsbauergattin Losse, die Meinerts und selbstverständlich Afrikaforscher Eckart saßen bei Bier, Rauchwerk und Fischen beisammen, die Hinrichsen auf dem glühenden Ofen grillte, und besprachen die Ereignisse oben in Ottensen, wo gerade einer der letzten Bauernhöfe abgerissen wurde, sowie das nahende Weihnachtsfest. Das Krokodil lag stets in ihrer Mitte vor dem Kohlenofen, das Maul leicht geöffnet, so daß seine kleinen, spitzen Zähne zu sehen waren, und schlief. Wenn es einmal erwachte, wurde es sogleich mit dem einen oder anderen Fisch gefüttert, wobei jeder einmal zum Zug kommen durfte, bis auf Marianne Hinrichsen und Bootsbauergattin Losse, die die Anwesenheit des Krokodils zwar faszinierend fanden, aber auf die Berührung mit seinem Maul dankend verzichteten. Hinrichsen achtete penibel darauf, daß die Vorhänge zugezogen waren, aber auch so erregten die munteren Zusammenkünfte im Haus des Bootsbauergesellen einiges Aufsehen.

Es geschah am Vorabend zum zweiten Advent, daß jemand den schweren Klopfer an der Tür betätigte. Da sich alle Eingeweihten in der Stube befanden und Hinrichsen auch sonst niemanden erwartete, konnte es sich nur um die Person handeln, die die Anwesenden in diesen Wochen am meisten fürchteten.

»Schnell, bind ihm das Maul zu!« zischte Marianne Hinrichsen ihrem Mann zu.

»Aber es kaut doch noch!« Clara fühlte, wie ihr Herz schneller schlug. Und wenn es Carl wäre, der da vor der Tür stand? Er war eingeweiht, seine Eltern hatten ihm von dem neuen Nachbarn erzählt, und irgendwann mußte er doch einmal kommen, oder?

Hinrichsen warf dem Krokodil zu seinen Füßen einen prüfenden Blick zu. Da lag es und kaute gemächlich an einem Huhn, das Afrikaforscher Eckart an diesem Abend mitgebracht hatte, quasi als Einstimmung auf das Fest am nächsten Tag.

Das Klopfen wurde lauter.

»Wenn das Krokodil schon ein Huhn im Maul hat, kann es nicht auch noch auf Hinrichsen rumkauen.« Eckart vermengte koloniales Wissen mit praktischer Lebenserfahrung.

»Auch richtig. Die Wolldecke, schnell!«

Bootsbauergattin Losse zog die Decke unter ihrem Hintern hervor. Jetzt kam das Klopfen von der Hintertür.

»Mist, er ist ums Haus herumgegangen. Wo gehe ich jetzt raus? Vorne?«

»Zu spät, Schatz, du kannst nicht mehr raus. Vielleicht hat Niemeyer jemanden mitgebracht. Wir sitzen in der Falle.« Marianne Hinrichsen rang die Hände. »Schnell, unters Sofa mit dem Krokodil!«

Müller, Eckart und Hinrichsen sprangen auf. Gemeinsam packten sie das Krokodil, das bei der plötzlichen Berührung unruhig den Schwanz bewegte, und schoben es unter das Sofa, auf dem Carls Mutter mit Bootsbauergattin Losse saß. Die Frauen schrien auf und zogen ihre Beine hoch.

»Verflucht, es paßt nicht mehr drunter!« Tabak-Müller ächzte.

Jetzt klopfte es wieder vorne. Laut, lang und beharrlich.

»Das ist kein normaler Besucher!« flüsterte Marianne. »Der hätte längst bemerkt, daß er nicht willkommen ist!«

Endlich. Die Männer hatten das Krokodil unter dem Sofa verstaut. Allein der Schwanz lugte noch hervor.

»Das ist jetzt auch nicht mehr zu ändern!« Hinrichsen wischte sich die Hände an der Hose ab. »Eckart, setz du dich aufs Sofa. Stell die Beine so, daß sie das Krokodilteil da verdecken. Ich geh öffnen.«

Clara spitzte die Ohren. Eine übelgelaunte Stimme drang aus dem Flur. Unverkennbar Niemeyer. »Darf man erfahren, was hier vor sich geht?«

Jeder im Raum sprang in die Höhe. Jeder mit Ausnahme von Eckart, der an einer Wolldecke herumzupfte, die er sich über die Knie gezogen hatte.

»Guten Abend, Herr Polizist!«

Niemeyer äugte mißtrauisch in die Runde. »Warum ist es hier so heiß?«

Eckart hob einen Finger. »Ich habe Hinrichsen gebeten, ein paar Briketts nachzulegen, weil ich Fieber habe und deshalb so friere.«

»Und warum liegen Sie dann nicht zu Hause im Bett? Und wieso tragen sie hier drinnen einen Tropenhut?« Niemeyer war ein klarer Anhänger der Frageform.

»Ach.« Eckart zog sich die Decke zu den Fußknöcheln hinunter. »Mir war so langweilig. Ich hab gehört, wie Hinrichsen heute abend ein bißchen feiern wollte. Da dacht ich mir, Eckart, dacht ich mir, gehst mal hin und feierst mit. Dann kommst du auf andere Gedanken und vielleicht wirst du wieder gesund dabei.«

Marianne griff nach Eckarts Puls und zählte lauthals mit. »Ich glaube, daß das Fieber auch schon gesunken ist, Eckart. Wirklich, die Wärme scheint dir gutzutun.«

Niemeyer hob seine Pickelhaube an, um sich den Schweiß darunter abzuwischen. »Brüllende Hitze hier drinnen, Hinrichsen. Wie lange haben Sie den Ofen denn schon so laufen?«

Hinrichsen kreuzte die Arme über der Brust. »Soll das ein Verhör werden, Niemeyer? Wann und wieviel ich heize, ist wohl immer noch meine Sache!«

»Setz dich doch, Niemeyer.« Marianne versuchte, charmant zu werden. »Vielleicht möchtest du ein Gläschen mit uns trinken?«

»Nein, danke, bin im Dienst. Wollte nur mal nach dem Rechten sehen. Man erzählt sich ja so allerhand über dein Haus, Hinrichsen.«

»So?« Hinrichsen ließ sich auf den nächstbesten Stuhl plumpsen. »Was erzählt man sich denn so? Nur Gutes, hoff ich doch.«

Niemeyer kniff die Augen zusammen. »Daß bei dir der Reichtum ausgebrochen ist, alter Junge. Daß du hier jeden Abend feierst und daß du unserem Kohlenhändler den Auftrag seines Lebens verschafft hast. Wenn ein Armer plötzlich reich wird, dann fragt man sich: Wie hat der das gemacht? Ging das auch mit rechten Dingen zu? Mit Dingen, die nicht dem Gesetz zuwiderlaufen?«

Marianne ließ ein verlegenes Lachen hören. »Wir möchten darüber nicht sprechen, mein Mann und ich ... Es ist immer ein bißchen peinlich, wenn man geerbt ... ups, jetzt ist es mir doch rausgerutscht! Wenn man ge... ja ... hm.«

»So so, geerbt hast du, Hinrichsen?« Niemeyer blieb bei seiner Art der Gesprächsführung. »Und du hast nicht zufällig vor, konspirative Treffen abzuhalten und Stimmung zu machen wegen der Bauernhäuser?«

»Kon... was für Treffen? Und wieso Bauernhäuser?«

»Nun ja, es gibt eine Menge Leute in Ottensen, die nicht zufrieden damit sind, daß hier die Bauern vertrieben werden. Ottensen wird bald kein Dorf mehr sein, alles wird mit Wohnhäusern bebaut, und dann kommen die Städter und machen das Leben hier kaputt, und was die Leute nicht noch so alles reden in den Gastwirtschaften, oder, Tabak-Müller?«

Tabak-Müller, der sich eben wieder hingesetzt hatte, schoß von neuem in die Höhe. »Ich hab mit der Sache nichts zu tun, Niemeyer!«

»Wie auch immer.« Niemeyer wandte sich zum Gehen. »Ich hab euch jedenfalls im Auge, Jungs.« Und damit war er wieder draußen.

Sie saßen wie erstarrt. Eckart behielt vorsichtshalber noch eine Weile die Wolldecke auf den Beinen, obwohl er das Gefühl hatte, darunter vergehen zu müssen. So heiß war ihm noch nicht einmal in Afrika gewesen.

Clara beobachtete ihren Vater. Vorsichtig, fast andächtig hob er das Sofa an, nachdem Carls Mutter und Eckart davon aufgestanden waren. Und ebenso vorsichtig, ja, fast liebevoll, zog er das Krokodil darunter hervor. Ein paar Federn klebten an seinem Maul. Es kroch augenblicklich zurück an seinen Lieblingsplatz am Ofen, schloß die Augen, öffnete den Rachen und schlief wieder ein. »Bist schon 'n feiner Kerl«, bemerkte Hinrichsen und tätschelte dem Krokodil die Flanke. »Hast schön ruhig gehalten.« Clara bemerkte, wie sanft seine Stimme klang. Wenn das so weiterging, würde er es ja vielleicht doch nicht übers Herz bringen, das Krokodil zu töten. Hoffte sie.

Am Sonntag früh gingen sie alle in die Kirche. Carl und seine Eltern wanderten vor ihnen den Weg nach Ottensen hinauf. Clara konnte Carl erkennen, wie er mit seiner Mutter sprach. Sie schnappte ein paar Worte auf, die mit dem Vorabend zusammenhingen. Offenbar berichtete Carls Mutter ihrem Sohn von Niemeyers Besuch. Sie hörte Carl lachen. Aber er drehte sich nicht zu ihr um, wie er es sonst immer getan hatte, wenn sie gerade nicht miteinander reden konnten. Worüber um Himmels willen hatten sie noch mal gestritten, damals im August? Clara konnte sich an nichts mehr erinnern, außer, daß sie wütend gewesen war und Carl auch. Es war alles schon so lange her. Und es kam ihr so unwichtig vor. Sie seufzte schwer.

»Denkst du auch an das Krokodil und daß es bald sterben muß?« Johann war an ihre Seite gehüpft und flüsterte, damit ihn die Eltern nicht verstehen konnten.

»Nein, daran habe ich gerade nicht gedacht. Aber danke, daß du es mir in Erinnerung rufst, Brüderchen. Jetzt hab ich noch schlechtere Laune.« Sie bemerkte ihre Eltern, die an diesem Tag Arm in Arm gingen und sich prächtig zu amüsieren schienen. Sie sah, wie der Vater sich zur Mutter umdrehte und ihr etwas ins Ohr flüsterte, woraufhin die Mutter ganz rot im Gesicht wurde und laut zu kichern begann. »Man möchte meinen, unsere Eltern hätten sich wieder in Kinder verwandelt«, bemerkte Clara düster an ihren Bruder gewandt. »Richtig peinlich, wie sie sich aufführen.«

Johann nahm die beiden in Augenschein. »Besser so, als wenn sie uns ausschimpfen«, war sein Kommentar dazu.

Das Kirchenschiff war zum Bersten voll. Es roch nach Weihrauch, Kerzen brannten, und alle möglichen Leute aus Ottensen und unten vom Fluß, aus Neumühlen und Övelgönne, waren gekommen, um sich die wie gewohnt flammenden Reden von Pastor Wiedemann anzuhören. Das brachte Clara auf eine Idee, und auf dem Rückweg sprach sie ihren Vater darauf an.

»Du, Papa, ist Jesus für uns alle gestorben?«

»Ja, sicher.« Der Vater hatte wieder den Arm um die Mutter gelegt. Der Weg zum Fluß hinunter war vereist, und die Eltern schlitterten lachend darauf herum.

Clara zog den Mantel enger um sich. Der Unterschied zwischen drinnen beim Krokodil und draußen in der Winterkälte war manchmal kaum zu ertragen. »Und ist das der Grund, warum wir das Leben achten sollen? Weil Jesus für unser Leben gestorben ist?«

»Ja, genau. Ganz ausgezeichnet erkannt, Clara.« Die Mutter zwinkerte ihr fröhlich zu.

»Dann ist die Sache klar. Wir dürfen das Krokodil nicht töten.« Clara trat in eine Eispfütze, daß es krachte.

»Aber was redest du denn da?« lachte der Vater. »Jesus ist doch nicht gestorben, damit die Krokodile leben können! Sondern damit wir leben können! Wir Hinrichsens und Tabak-Müllers, Eckart, Losses, Meinerts und andere nette Menschen.« Er überlegte kurz. »Jesus hat damals Niemeyer nicht gekannt, sonst hätte er wohl noch 'ne Sonderregelung eingeführt.«

»Leben ist Leben«, beharrte Clara. Aber der Vater schien ihr schon nicht mehr zuzuhören.

Je mehr es auf Heiligabend zuging, desto größer wurde das Krokodil. Dem Zollstock des Vaters nach zu urteilen, maß es mittlerweile 40 cm. Seine Haut war noch härter geworden, und es schien nun nichts mehr davon zu halten, sein Rückenmuster in Streifenform zu präsentieren. Statt schwarz und gelb war es nun grün und gelb. Die neuen Farben auf seinem Rücken hatten sich in eine Art wirres Schachbrettmuster aufgeteilt, bei dem die grünen Felder allerdings in der Überzahl waren. Außerdem konnte man jetzt genau die Schwimmhäute zwischen den Zehen erkennen. Nur eines schien anormal an dem Krokodil: statt fünf Zehennägeln pro Fuß hatte es bloß drei.

»Ob das am Essen liegt?« fragte Clara eines Abends den Afrikaforscher Eckart, als sie zusammen vor dem

Ofen hockten und das Tier begutachteten. »Haben wir ihm vielleicht was Falsches zu futtern gegeben?«

Eckart machte eine vage Handbewegung, die so gut wie alles bedeuten konnte. Er haßte es zuzugeben, daß es bei überseeischen Dingen irgend etwas gab, wovon er keine Ahnung hatte. Rasch wechselte er das Thema. »Ich habe übrigens festgestellt, daß es ein Mädchen ist.«

»Ach ja?« Hinrichsen war, nur mit einem Unterhemd bekleidet, in die Stube getreten, eine Platte voller Fische in der Hand, die er für den bevorstehenden Gästeabend mal wieder zu grillen gedachte. »Ist das gut oder schlecht?«

»Nun ja.« Eckart ließ sich aufs Sofa fallen. »Für euch ist es gut, weil das bedeutet, daß es in der Paarungszeit nicht brüllen wird.«

»Brüllen? Wozu sollte es denn brüllen?« Clara sah erstaunt auf.

»Na, um die Weibchen anzulocken, natürlich.«

Marianne Hinrichsen verdrehte grinsend die Augen. »Männer«, brummte sie.

Eckart schob seinen Tropenhut zurück. »Es hat aber auch einen Nachteil. Weibchen werden nicht so groß. Die sieben Meter kannst du vergessen, Hinrichsen.«

Der Vater stieß einen wüsten Schrei aus, bei dem alle in der Stube zusammenzuckten. »Sag, daß das nicht wahr ist, Eckart! Und wie krieg ich mein Geld nun wieder rein?!«

»Nicht weiter brüllen, Liebling.« Marianne Hinrichsen schmiegte sich an ihren Mann. »Du hast mich doch schon geheiratet!«

Im Gesicht des Vaters spiegelten sich widersprüchliche Gefühle wider. Wut wechselte mit Enttäuschung und Lachen, und am Ende war es das Lachen, das siegte. Er drückte die Mutter an sich. »In letzter Zeit ist meine Frau ein bißchen frech geworden«, erklärte er in Eckarts Richtung. »Aber ich glaube, ich mag sie so.«

Über das verkehrte Geschlecht des Krokodils wurde dann an diesem Abend nicht mehr gesprochen.

In der folgenden Woche bekam Clara ihr Haustier nur noch selten zu Gesicht. Schließlich war sie tagsüber in der Schule, und an den Nachmittagen und Abenden auf dem Markt, um den Christbaumschmuck zu verkaufen, den sie mit Mine zusammen gebastelt hatte. Die halbe Nachbarschaft defilierte vorbei, um ihr etwas abzukaufen – ganz offensichtlich aus dem Wunsch heraus, den Hinrichsens ein klein wenig von ihrer Gastfreundschaft und den herrlichen Abenden zurückzugeben, die sie im Haus genossen, seitdem dort eine Echse logierte. Was sie nicht ahnten, war, daß Clara das Geld eigentlich für sich allein behalten durfte, aber daß sie vorhatte, es dem Vater zu schenken. Unter einer Bedingung: daß er das Krokodil nicht verkaufte. Was Clara also plante, war ein Ankauf ihrerseits. Sie würde einfach mehr bieten als der Fabrikant. Was natürlich noch immer nicht die Frage löste, wo das Krokodil in Zukunft leben würde. Doch zunächst einmal – und das war schließlich das Wichtigste – mußte seine Haut gerettet werden.

Es dunkelte, und die bekannten Gesichter verschwanden vom Markt. Clara wußte, wohin die meisten von ihnen gehen würden. Zu ihnen nach Hause. Zum Krokodil. Sie blickte aus ihrer Bude über den kleinen Platz. Wunderschön sah er aus, dieser Platz, mit all den verschneiten Holzverschlägen, in denen die Lichter brannten und Spielzeug und Zuckerwerk erhellten. Es roch nach Glühwein und Lebkuchen, und die Klänge von Akkordeonspieler Max vermischten sich mit dem Geräusch von trappelnden Hufen auf dem Kopfsteinpflaster. Plötzlich stutzte sie. »Träume ich?« fragte sie Mine, die neben ihr stand. »Oder tragen heute alle Damen Handtaschen aus Krokodilleder?«

Mine folgte ihrem Blick. »In der Tat. Da drüben steht eine, die so 'ne Tasche hat. Und da auch eine. Und die – guck mal, die hat sogar Schuhe aus Krokohaut!«

»Scheint jetzt wohl Mode zu sein«, meinte Clara düster und begann ihre Einnahmen zu zählen. Nicht schlecht für einen Tag. Aber ob sie am Ende damit einen Fabrikanten überbieten würde – das wagte sie noch zu bezweifeln.

Es geschah ungefähr ab dem dritten Advent. Das Krokodil, dessen Schicksal es wohl war, für immer ungetauft zu bleiben, war im größten Aquarium untergekommen, das Marianne Hinrichsen auf dem Fischmarkt hatte auftreiben können. Der Vater hatte ein durchlöchertes Holzbrett auf das Aquarium gelegt und es mit demselben Seil festgebunden, das dem Krokodil im Falle einer Flucht vor Niemeyer als Maulfessel dienen mußte – denn es hatte die unangenehme Neigung entwickelt, in die Höhe zu springen, um nach vermeintlich Eßbarem zu schnappen, und nebenher recht lebhaft durch die Stube zu kriechen. Sowohl Afrikaforscher Eckart als auch Clara und Johann bestanden aber darauf, daß das Tier regelmäßig Auslauf aus dem Aquarium bekäme. So wurde es dann einmal pro Abend gemeinsam von Eckart und Hinrichsen unter Einsatz ihres Lebens, wie Hinrichsen nicht müde wurde zu betonen, aus dem Aquarium herausgehoben und auf Wanderschaft durch das Haus geschickt. Das gab ein allgemeines Geschrei und Gejohle, einige der Frauen schienen diesen Augenblick für angebracht zu halten, um nach ihren Mänteln zu greifen und sich zu verabschieden, andere (überwiegend männliche) Besucher wiederum öffneten schnell ein neues Bier, um mit der verwegenen Miene eines besonders abgebrühten Abenteurers auf den täglichen kleinen Nervenkitzel anzustoßen. Das war die Zeit, in der Clara einen Traum hatte, den sie niemals mehr vergessen sollte: Sie träumte, sie wäre in Afrika – oder zumindest in einem Land, das so aussah, wie sie sich Afrika vorstellte. Die Luft war glühend heiß und der Himmel strahlend blau. Männer mit Tropenhüten und Schmetterlingsnetzen winkten den Krokodilen zu, die zu beiden Seiten des Weges einherkrochen. Und dann war da Carl. Auch er trug ein Schmetterlingsnetz in der Hand, und er pfiff vor sich hin, während er über den glutheißen Weg wanderte. Clara versuchte ihn zu rufen, aber er hörte sie nicht. Sie wollte zu ihm laufen, doch die Hitze lähmte sie, machte sie schwer und unbeweglich, so daß sie wie festgenagelt an einem Platz stehen blieb. Am Ende erwachte sie – schweißgebadet und mit einer Idee im Kopf. Sie würde kein Dienstmädchen werden. Sie würde nach Afrika gehen. Und kein Mensch würde sie davon abhalten können. Denn *nicht* gehen zu können – das geschah nur im Schlaf.

Am Morgen des Vierundzwanzigsten erwachte Clara davon, daß es ungewöhnlich kalt war im Haus, mindestens so kalt wie bei Mine – und überhaupt wie bei allen Freunden und Nachbarn zu Hause. Von Beginn des Krokodilbabyalters an waren die Eltern zweimal pro Nacht aufgestanden, um Briketts nachzulegen. Das schien in dieser Nacht nicht der Fall gewesen zu sein. Auf Zehenspitzen wanderte Clara hinüber zum Schlafzimmer der Eltern und lugte hinein. Da lagen sie, eng umschlungen, und schliefen tief. Das Fest der Liebe, ja, ja. Clara rümpfte die Nase und wanderte zum Ofen, um das Feuer darin neu zu entfachen. Das Krokodil hatte sich in seinem Aquarium zusammengekringelt, offenbar in dem Bestreben, ein wenig Wärme bei sich selbst zu finden. »Was bleibt einem auch anderes übrig, wenn man niemand anderen hat?« murmelte Clara, halb zum Krokodil, halb zu sich.

Vom Rumpeln in der Stube erwachte endlich auch der Rest des Hauses. »Frohe Weihnachten!« rief die Mutter.

»Frohe Weinachten, Mama«, brummte Clara. »Frohe Weihnachten, Krokodil.«

Das Krokodil hielt den Mund fest geschlossen, wie immer, wenn es fror. Dabei sah es aus, als wenn es lächelte – was vermutlich an der Form seines Mauls lag, dessen Spitzen am Ende ein wenig aufwärts gebogen waren. »Bist ein freundliches Krokodil«, erklärte Clara und fuhr ihm sachte über den Kopf.

Als das Feuer wieder sicher im Ofen bollerte, deckte sie gemeinsam mit der Mutter den Frühstückstisch, während der Vater in den kleinen Garten ging, um zwischen dem aufgetürmten Schnee nach der toten Gans zu suchen, die er am Vorabend dort vergraben hatte, um sie frisch zu halten. »Was freu ich mich auf unseren Braten heute abend!« grinste er, während er die Gans in den Tontopf wuchtete.

»Ja, aber noch besser wäre es, wenn wir wie jedes Jahr einen Weihnachtsbaum hätten.« Auch Johann schien an diesem Tag nicht der Bestgelaunte zu sein.

»Wie oft soll ich euch das noch erklären, Kinners.« Der Vater wechselte rasch in ein frisches weißes Hemd. »Das Krokodil hat unser ganzes Geld verschlungen. Es gibt in diesem Jahr nun mal keinen Baum. Und auch keine Geschenke. Dafür gibt es ein Krokodil.«

»Und das willst du umbringen!« stieß Johann hervor und starrte seinen Vater wuterfüllt an.

»Nu laß ma die Pinne an Bord, Jong!« Vater Hinrichsen ließ sich auf seinen Stuhl fallen. »Wer hat denn darauf bestanden, daß wir uns ein Krokodil anschaffen? Ich etwa?

Freut euch, daß ihr euern Willen soweit durchgesetzt habt, und nu Ruhe! Heut is Weihnachten!«

Nach dem Frühstück war es in der Stube so warm geworden, daß sowohl die Gans als auch das Krokodil aufgetaut waren. Das Krokodil hatte sogar schon wieder sein Maul geöffnet.

»Jetzt sieht es aus, als ob es lachen würde«, bemerkte Clara.

»Aber auch nur, weil es nicht weiß, daß es bald eine Handtasche ist«, bemerkte Johann brutal.

Die Mutter bemerkte nichts von diesen Gesprächen. Lauthals Weihnachtslieder singend, füllte sie die ausgenommene Gans mit einer Mischung aus gehacktem Sauerkohl, Kastanien und Apfelscheiben. Sie trug immer noch ihr Unterkleid. Einer der Träger war ihr über die Schulter gerutscht. Der Vater trat hinter sie und küßte ihre Schulter. Clara wandte sich schaudernd ab. »Laß uns nach draußen gehen«, forderte sie ihren Bruder auf. »Vielleicht bekommen wir da ja was Weihnachtliches zu sehen.«

Neumühlen war ungewohnt leer und leise. Obwohl es erst früher Nachmittag war, begann es bereits zu dämmern. In einigen Stuben hatten die Leute Kerzen angezündet. Ihr Schein glitzerte im Schnee, der unaufhörlich weiter fiel. Bei Carl in der Stube stand ein riesiger Weihnachtsbaum, der mit Äpfeln und Engeln geschmückt war.

»Carl ist nicht da«, erklärte Johann, der Claras Blick bemerkt hatte.

»Was erzählst du mir das?« fauchte Clara. »Ist mir doch egal, ob Carl da ist oder nicht! Ich hab nichts mehr zu schaffen mit dem!«

Johann zuckte mit den Schultern. Gemeinsam wanderten sie weiter. Als sie beim Schiffsanleger angelangt waren, räusperte sich Clara leise. »Ähm, wo ist er denn hin?«

»Wer, der Schiffsanleger?« Johann blickte verwirrt um sich.

»Dummkopf. Carl natürlich.«

Johann grinste. »Keine Ahnung. Ich weiß nur, daß er weg ist.«

Sie wanderten den Holzsteg zum Anleger hinunter. Auf dem gefrorenen Fluß türmten sich die Eisschollen. Unwirklich sahen sie aus, wie Gebilde von einem anderen Stern. Wenn es denn auf Sternen Eis gab und nicht etwa Feuer. Clara wußte das nicht genau, und ihr fiel auch niemand ein, der ihr außerirdische Angelegenheiten näher hätte erklären können.

»Eins ist schon mal schön«, bemerkte Johann.

Clara wandte sich ihm zu und mußte grinsen. Johann sah aus wie ein kleiner Schneemann. Seine Mütze, sein Schal und seine Schulten waren komplett eingeschneit. »Was denn?«

»So schnell kann Vater das Krokodil nicht verkaufen. Dafür wächst es viel zu langsam.«

Clara fühlte, wie sich ein kleines Glücksgefühl in ihrem Bauch ausbreitete. »Du hast recht«, strahlte sie. »Bis es mal ein paar Meter lang geworden ist, können Jahre ins Land gehen!« Und mit dieser beruhigenden Erkenntnis spazierten sie zurück nach Haus.

»So.« Die Mutter öffnete die Ofentür, um die Hitze abzulassen. »Die Gans ist fertig. Hoffentlich wird sie nicht zu dunkel, während wir in der Kirche sind.«

»Du wirst die Hübscheste im Gotteshaus sein«, bemerkte der Vater und strich seiner Frau über den Ausschnitt ihres Unterkleids.« Marianne stieß einen Schrei aus. »O Gott, ich hab mich noch gar nicht umgezogen! Warum hast du mich nicht eher daran erinnert, Hinrichsen?«

Der Vater sog vergnügt an seiner Pfeife. »Es gab keine Veranlassung, mir den schönen Anblick zu vermasseln.«

Eine Stunde später saßen sie im Kirchenschiff, die Mutter in ihrem hochgeschlossenen Samtkleid mit den guten Schnürstiefeln, Clara im bodenlangen Sonntagskleid, Johann im baumwollenen Matrosenanzug, der ihm in der Kirche viel zu kalt erschien. Neben ihnen und in den Reihen davor und dahinter saß die gesamte Nachbarschaft aus Neumühlen und Övelgönne. Afrikaforscher Eckart zwinkerte in Hinrichsens Richtung. »Komme vielleicht nachher noch mal vorbei«, zischte er ihnen zwischen zwei Gebeten zu. »Auf unser … hm, hm … Christkind anstoßen, was, Hinrichsen?«

»Hast du was ins Auge bekommen, Eckart?« flüsterte die Mutter.

»Nein, wieso, ich …«

»Dann hör auf zu zwinkern! Die halbe Kirche guckt schon zu uns rüber!«

In der Tat hatten sich einige zu ihnen umgedreht. Doch es waren keine mißbilligenden Gesichter dabei, im Gegenteil, die Leute lächelten, manche von ihnen wirkten sogar ehrfürchtig. Clara war, als hätte sie noch nie eine solch fröhliche Stimmung im Gotteshaus erlebt. Allein Niemeyer sah aus, als hätte er vergammelten Rollmops gegessen, aber vermutlich hatte er schon als Kind diesen Ausdruck gehabt, kein Grund, sich darüber Sorgen zu machen. Als die Andacht beendet und die Kollekte gemacht war, traten sie hinaus in die eisige Luft. Der Schnee fiel nun in so dichten Flocken, daß er in ihren Wimpern hängenblieb und zu kleinen Eiskugeln gefror. »Schnell nach Hause!« befahl Hinrichsen. »Diese Kälte ist ja nicht zu ertragen!« Bootsbauer Losse mit Gattin blieb stehen, um Hinrichsen die Hand zu schütteln, dann kam Tabak-Müller, die Meinerts, Carls Eltern, Mine mit ihren Eltern und zum Schluß Afrikaforscher Eckart. Sie alle drückten ihnen die Hand, wünschten ihnen ein frohes Fest und blinzelten verschwörerisch.

»Es ist erstaunlich, wie sehr man bei den Leuten an Ansehen gewinnt, wenn man ein seltenes Haustier hat«, bemerkte die Mutter, nachdem sie sich vor der Haustür von allen verabschiedet hatten. »Als nächstes sollten wir uns vielleicht überlegen, Moschusochsen zu sammeln oder Kaffernbüffel.«

»Seit wann kennst du dich mit so komischen Tieren aus?« Hinrichsen steckte stirnrunzelnd den Schlüssel ins Schloß.

»Oh, man lernt so allerlei beim Afrikaforscher«, lächelte die Mutter.

»So, tut man das? Ich bin mir nicht sicher, ob ich das gutheißen … halt, wo ist das Krokodil?« Hinrichsen war in die Stube getreten. Das Aquarium lag still und verlassen da, so weit sie das im Schein der Gaslaternen draußen beurteilen konnten, das durchlöcherte Holzbrett angelehnt daneben. »Schnell, Marianne, wo sind die Zündhölzer? Mach die Lampe an und keiner rührt sich von der Stelle! Das Krokodil ist hier irgendwo im Raum!«

Clara fühlte, wie ihr ein Schauder über den Rücken lief. Mit einem Ratsch entzündete die Mutter ein Streichholz. Das Licht zitterte in der Dunkelheit und verlosch. In diesem Moment fühlte Clara etwas Spitzes an ihrem Bein. Sie schrie auf. »Hör sofort auf, mich zu pieksen, Johann! Das ist nicht lustig!«

Der Bruder rappelte sich rasch vom Boden auf. »Du verstehst ja überhaupt keinen Spaß mehr«, brummte er, hielt sich aber im nächsten Augenblick die Wange. Der Schlag war unverhofft gekommen.

»Hier geht es um etwas Ernstes!« herrschte der Vater ihn wutentbrannt an.

Endlich war es der Mutter gelungen, die Petroleumleuchte zu entzünden. In der Tat. Kein Krokodil. So weit sie auch sehen konnten.

»Clara und Johann, ihr bleibt immer noch an euren Plätzen!« brüllte der Vater. »Die Mutter und ich suchen allein!«

Und das taten sie. Sie suchten unter dem Sofa, unter den Stühlen, und unter dem Stubenschrank mit dem guten Geschirr. Und als sie das Krokodil dort nicht fanden, suchten sie unter dem Bett in ihrem Schlafzimmer, unter Claras und Johanns Betten und unter dem Spülstein in der Küche. Es war die Mutter, die das Krokodil schließlich fand. Es steckte im geöffneten Ofen, vor ihm die abgenagten Knochen dessen, was einmal ein Gänsebraten gewesen war, und schlief selig.

Es dauerte etliche Sekunden, bis Hinrichsen seine Sprache wiederfand. »Du!« schrie er und deutete auf Clara. »Du bist schuld an dem ganzen Unglück!«

»Wie bitte?« Clara ballte die Fäuste. »Was hab ich denn getan?«

»Das fragst du auch noch?« Der Vater versetzte dem Aquarium einen Tritt, das es quer über die Dielen rutschte. »Wegen dir hab ich dieses Untier aufgenommen! Wegen dir gebe ich seit Monaten Unsummen von Geld für Fische und Kohlen aus! Wegen dir wäre ich fast verhaftet worden! Wegen dir haben wir ein Weihnachtsfest ohne Gänsebraten!«

Clara konnte nichts dagegen tun, die Tränen stürzten ihr nur so aus den Augen. »Ach ja?« Nun schrie sie auch. »Dann sei froh, daß du mich jetzt los bist! Ich geh nämlich weg von hier! Und laß dir eins gesagt sein, Vater: Ich kann dich sowieso nicht mehr leiden!« Und damit knallte sie die Tür, daß es bestimmt noch bis nach Ottensen zu hören war. Draußen rannte sie in einen dunklen Schatten. Einen, der Arme hatte und eine sanfte Stimme.

»Holla, nicht weinen«, sagte die Stimme.

Es war Carl.

»Was machst du denn hier?« weinte Clara.

»Hab euch gehört nebenan. Ich glaube, jetzt weiß jeder in Neumühlen, daß ihr ein Krokodil habt.« Die Arme hielten sie immer noch fest. »Du, Clara, ich weiß, daß wir …«

Clara drückte Carl an sich, daß ihr selbst die Luft wegblieb. »Ist doch egal. Ich weiß überhaupt nicht mehr, worum es ging.«

Sie fühlte, wie Carl ihr einen Kuß auf die Wange drückte. »Ich doch auch nicht. Und jetzt komm mit rein, ich hab nämlich ein Geschenk für dich.«

Afrikaforscher Eckart durchmaß den Raum mit großen, schweren Schritten. »Ich wollte es dir eigentlich erst nach Weihnachten sagen, Hinrichsen.«

Hinrichsen raufte sich die Haare. »Ich bin ja so ein Trottel! Ich hätte es selbst sehen müssen! Es ist ja so gut wie nicht gewachsen!«

»Nun ja, größer geworden ist es schon«, warf Marianne Hirnichsen ein. »Du hast es doch selbst gemessen mit deinem Zollstock!«

Hinrichsen hielt seinen Blick weiterhin fest auf den Akrikaforscher gerichtet. »Und du bist sicher, daß die Viecher nicht mehr als 25 cm pro Jahr wachsen?«

»Hundertprozentig sicher. Aber mein Kontaktmann ist an dem Kauf immer noch interessiert.« Eckart fächelte sich mit einem herumliegenden Tannenzweig Luft zu. Die Hitze in der Stube schien ins Unermeßliche zu steigen.

»Verdammich noch eins!« brüllte Hinrichsen. »Aber er will ein Krokodil, daß mindestens vier Meter lang ist, oder? Und das wird es in etwa …«

Eckart winkte ab. »Laß mich jetzt bitte mit Rechenaufgaben in Ruhe, Hinrichsen!«

»... sechzehn Jahren sein«, warf Johann schüchtern von der Seite ein.

»Na, prima!« schrie Hinrichsen. »Und du hast dir ernsthaft vorgestellt, daß ich diesen Zirkus hier noch sechzehn Jahre lang mitmache, Eckart? Sechzehn Jahre lang alle Nachbarn abends bei mir in der Stube sitzen haben, sechzehn Jahre lang den weihnachtlichen Braten opfern, sechzehn Jahre lang die Winter zu Sommern machen ...«

»Es tut mir leid, Hinrichsen, ehrlich, ich hätte es dir ja spätestens übermorgen gesagt!«

»Das Viech muß weg, und zwar heute noch!« brüllte Hinrichsen und schlug mit der Faust auf das Brett ein, das nun wieder sicher auf dem Aquarium lag. Das Krokodil darin rührte sich immer noch nicht. Es schien so etwas wie einen seligen Ausdruck im Gesicht zu haben.

»Na, wunderbar«, ließ sich Marianne von ihrem Platz auf dem Sofa vernehmen. »Wenn das nun geklärt ist, dann könnten wir vielleicht dazu übergehen, unsere Tochter zu suchen.«

»Auf euch haben wir nur gewartet.« Carls Eltern standen aufrecht in ihrer Stube und klopften den Hinrichsens auf die Schulter. »Eure Tochter ist jedenfalls schon hier.« Carls Vater beugte sich vor und flüsterte. »Ich würd mich an deiner Stelle mal entschuldigen, Hinrichsen. Die Deern konnte doch nichts dafür.«

Hinrichsen ließ seinen Blick durch den Raum schweifen. Da saß seine Tochter auf einem Stuhl neben dem festlich geschmückten Weihnachtsbaum und blickte ihrem Vater erwartungsvoll entgegen. Hinter ihr stand Carl. Er hatte die Hände auf die Stuhllehne gelegt.

»Ich dachte, heute abend feiern wir mal bei uns«, erklärte Carls Mutter. »Ihr habt ja nu keinen Braten mehr, wie mittlerweile die gesamte Nachbarschaft weiß.«

»War ich wirklich so laut?« Hinrichsen blickte sich verlegen um. »Tschuldigung, Clara.«

»Wir haben leider auch nicht so viel, aber Meinerts und Losses kommen gleich vorbei und bringen noch was mit.« Carls Vater grinste. »Bier, Hinrichsen, auf den Schreck?«

»Ja, gern. Ich ...«

»Schon gut. Jeder verliert mal die Nerven.« Carls Vater nickte nachsichtig, während er Hinrichsen die Flasche reichte. »Verzeih mir, Marianne, was willst du denn trinken?«

Die Mutter seufzte. »Ich könnt jetzt auch was Stärkendes gebrauchen.«

Es wurde eng am Tisch an jenem Abend, und die Tafel sah merkwürdig bunt aus. Meinerts Kabeljaureste drängten sich zwischen der Gänsekeule, die Tabak-Müller mitgebracht hatte, und dem Wurstaufschnitt vom Afrikaforscher. Carls Mutter machte gemeinsam mit Marianne einen Berg von Bratkartoffeln, die die Gruppe gutgelaunt verspeiste, und weil es nicht genug Stühle für alle gab, hatte sich Clara auf einen Schemel mit Carl gequetscht. Eigentlich saß sie auf seinem Schoß, aber das fiel in der allgemeinen Feierstimmung nicht weiter auf. Doch als es daran ging, die ersten Weihnachtslieder zu schmettern, hielt Hinrichsen plötzlich inne. »Es fehlt was«, erklärte er.

Und so wurde zu guter Letzt auch noch das Krokodil geholt.

Clara war aufgestanden und hatte ihrem Vater die Arme um den Hals gelegt. Ihr war ein wenig schwindelig zumute, was entweder an dem Bier lag oder an dem großen Glück, das sie an diesem Abend empfand. »Vater?« fragte sie. »Ich gebe dir mein ganzes Geld, wenn du unser Krokodil am Leben läßt.«

Der Vater überlegte. Clara konnte sein Gesicht in der Fensterscheibe erkennen. Sie konnte darin lesen wie in einem offenen Buch. Tausend Gedanken und Gefühle rasten dem Vater in diesem Augenblick durch den Kopf. Auch ein bißchen Wut spürte sie wieder, wegen des aufgefressenen Gänsebratens. Am Ende schüttelte der Vater den Kopf. »Abgelehnt«, erklärte er. »Ich hol mir von woanders Geld.«

Am nächsten Tag verkauften sie das Krokodil an Hagenbecks Tierpark. Tabak-Müller lieh ihnen für die Fahrt dorthin nicht nur seine Kutsche, er setzte sich sogar persönlich auf den Bock. Und alle fuhren sie mit Hinrichsens mit: Blütenfahrtreeder Meinert und seine Frau. Afrikaforscher Eckart. Bootsbauergattin Losse. Mine. Carls Eltern. Carl. Und natürlich – das Krokodil.

Als neun Monate später Hinrichsens Jüngste geboren wurde, nannten sie sie Coco. Weil das so exotisch klang. Nach Krokodil. Und nach einer Zeit, in der die Bewohner von Neumühlen sich glücklich gefühlt hatten. Noch über Jahrzehnte erzählten sie sich, ihren Kindern und ihren Enkeln von jenem denkwürdigen Winter 1905, in dem sie jeden Abend beisammengesessen hatten. Und davon, wie bei Hinrichsens an Weihnachten statt einer Gans ein vollgefuttertes Reptil aus dem Mississippi-Fluß im Ofen gelegen hatte. Und es war wohl diese Erinnerung, die Clara auch nach zehn Jahren im Kongo noch ein paar Heimwehtränen in die Augen trieb.

Biographien

KARI KÖSTER-LÖSCHE, 1946 in Lübeck geboren, aufgewachsen in Schweden, lebt in Nordfriesland, zeitweise auch auf der Hallig Langeneß, einem etwa zehn Kilometer langen und kaum einen Kilometer breiten Fleckchen Erde in der Nordsee. Nach ihrer Tätigkeit als Tierärztin in der medizinischen Forschung arbeitet sie seit 1984 als freie Autorin. Veröffentlichung zahlreicher Bücher zu Kultur- und Medizingeschichte. sowie sehr erfolgreicher historischer Romane, darunter der Bestseller »Die Hakima« (List) – die Geschichte eines weiblichen Medicus. Bei Rütten&Loening liegt von ihr vor: »Stille Nacht, eisige Nacht«.

MAIKEN NIELSEN, geboren 1965 in Hamburg, verbrachte ihre Kindheit auf Frachtschiffen in der Karibik und auf dem Atlantik. Nach Schauspielunterricht, Kostümbildnerausbildung und Linguistik-Studium in Aix-en-Provence arbeitet sie heute als Autorin, Reporterin und Sprecherin beim NDR in Hamburg. Neben zahlreichen Kinderbüchern veröffentlichte sie zuletzt bei Knaur die vielbeachteten Romane »Das Haus des Kapitäns« und »Die Tochter des Kapitäns«.

ANDREA SCHACHT, Jahrgang 1956, lebt als freie Schriftstellerin in der Nähe von Bad Godesberg. Sie hat etliche Bücher veröffentlicht, in denen Katzen eine Hauptrolle spielen. Von ihr erschien auch der Bestseller

»Der dunkle Spiegel«. Bei Rütten & Loening liegt von ihr vor: »Die himmlische Weihnachtskatze« und »Der Kater und der Weihnachtsengel«.

PETRA SCHIER, Jahrgang 1978, lebt im Kreis Ahrweiler in der Eifel. Nach einem Studium der Geschichte und der neueren deutschen Literatur arbeitet sie als freie Lektorin und Schriftstellerin. Im Herbst 2005 erscheint bei Rowohlt ihr historischer Roman »Tod im Beginenhaus«.

FRANZISKA WULF, 1967 in Hamburg geboren, war zunächst Ärztin, bevor sie sich entschloß, freie Autorin zu werden. Bisher liegen sieben Romane von ihr vor, u.a. »Die Rätsel der Fatima« sowie »Die Steine der Fatima« (Droemer Knaur). Bei Rütten&Loening erschien von ihr: »Die Weihnachtskarawane«.

Weibliche Spürnasen: Krimi-Spannung bei AtV

REGGIE NADELSON
Das andere Gesicht
Als Betsy am Flughafen in New York auf ein Taxi wartet, nimmt sie ein Fotograf mit und überredet sie, ihr seine Arbeiten zeigen zu dürfen. Widerstrebend läßt Betsy sich auf einen kurzen Besuch ein. Am nächsten Tag steht ein Polizist vor ihrer Tür. Der Fotograf ist ermordet worden. »Ein Thriller um Liebe, Sex und den Schein der ewigen Jugend. « BUCH AKTUELL
Roman. Aus dem Englischen von Wolfgang Thon. 327 Seiten. AtV 2020

LISA APPIGNANESI
Kalt ist die See
Die Journalistin Isabel Morgan ist als eine sprunghafte, unberechenbare Frau bekannt. Doch als sie nicht wie angekündigt in New York auftaucht und auch sonst kein Lebenszeichen von sich gibt, beginnt ihre Freundin Leonora sich Sorgen zu machen. Kurz entschlossen reist sie nach London, um Nachforschungen anzustellen. »Lisa Appignanesis Roman ist genau so, wie ein guter Krimi sein muß: glänzend konstruiert, mit glaubwürdigen Figuren und einem romantischen Touch. Bei der Lektüre wird bestimmt jeder Liebhaberin spannender Unterhaltung warm ums Herz.« ANNABELLE
Roman. Aus dem Englischen von Thomas Haufschild. 443 Seiten. AtV 2016

FRED VARGAS
Im Schatten des Palazzo Farnese
Drei exzentrische Pariser Studenten in Rom werden in einen Mordfall hineingezogen, bei dem es um ein sehr seltenes Mordinstrument geht: den Schierlingstrank. Wer war in der Lage, das antike Gift zu bereiten?
»Es ist unmöglich, von Vargas nicht gefesselt zu sein.« DIE ZEIT
Roman. Aus dem Französischen von Tobias Scheffel. 207 Seiten. AtV 1515

GILL PAUL
Insel der Lügen
Nicola Drew soll als Ärztin mit ihrem Verlobten nach Indonesien gehen, luxuriös untergebracht und gut bezahlt. Doch der Traum vom gemeinsamen Abenteuer platzt jäh, als Nicolas Verlobter ihr den Laufpaß gibt. Schockiert beschließt sie, ihr Glück allein im fernen Osten zu suchen. Doch in Jakarta folgt ein böses Erwachen und Nicola sieht sich als Opfer eines raffinierten Betrugs ... »Ein erotischer Thriller mit enorm viel Tempo!« EVENING EXPRESS
Roman. Aus dem Englischen von Elfi Schneidenbach. 444 Seiten. AtV 2049

Mehr Informationen über die Autorinnen erhalten Sie unter www.aufbau-verlag.de oder bei Ihrem Buchhändler

AtV